国际危机管理要素拓展理论研究与论证

葛君
著

辽宁人民出版社

图书在版编目（CIP）数据

国际危机管理要素拓展理论研究与论证 / 葛君著. 沈阳：辽宁人民出版社，2025. 4. -- ISBN 978-7-205-11319-3

Ⅰ. D815

中国国家版本馆CIP数据核字第20242ZY496号

出版发行：辽宁人民出版社
地址：沈阳市和平区十一纬路25号　邮编：110003
电话：024-23284325（邮　购）　024-23284300（发行部）
http://www.lnpph.com.cn
印　　刷：辽宁新华印务有限公司
幅面尺寸：185mm×260mm
印　　张：8
字　　数：170千字
出版时间：2025年4月第1版
印刷时间：2025年4月第1次印刷
责任编辑：高　丹
装帧设计：丁末末
责任校对：刘再升
书　　号：ISBN 978-7-205-11319-3

定　　价：68.00元

摘要

21世纪以来，国际交往呈现出利益交错、时分时合的复杂局面。全球化的推进导致国家间联系与合作日益增多。各国在合作过程中，难免出现争端与摩擦，因而，作为全球化的伴生现象，国际危机的数量随之显著增多，并给国际安全带来了巨大冲击和挑战。有别于传统的国际危机，全球化时代的国际危机出现了新的变化，由单一领域走向复合领域，由双边危机走向多边危机。全球化时代的国际危机带来了新的挑战，对危机管理理论提出了新的要求。按照对危机的影响大小及在危机中的重要程度，本书将构成危机的要素划分为核心、重要、一般三个层级，并将构成危机的重要要素、一般要素称为拓展要素。本书旨在研究危机发展过程中，拓展要素对危机的影响，并尝试探索其在国际危机管理中发挥的积极作用。本书总结得出结论：博弈要素的拓展能够增加均衡解的数量，为危机和平解决提供多种可能。本书通过博弈论工具对这一观点进行了简要的描述，之后，结合案例对其展开进一步分析论证，从不同侧面探讨拓展要素在危机管理中发挥的作用。本书通过分析第一次朝鲜核危机、古巴导弹危机、黄岩岛危机案例，分别探讨不对称利益、内部分解、外部拓展在危机中发挥的作用；通过分析第二次朝鲜核危机、伊朗核危机、海湾危机三个案例，分别探讨强国、利益攸关方、缓和性拓展对危机的影响；最后则结合当前国际危机管理体制机制，尝试探索理论在实践中的运用之法。

Abstract

Since the beginning of the 21st century, international contacts have become more complicated, interests are intertwined, and relationships are instable. With the progress of technology, the range of international contacts has been enlarged from single region to all over the world, trend of globalization and internationalization has become obvious. As a result, international crises has emerged one after another, and brought huge impacts and challenges to international contacts. Meanwhile, international crisis also has some changes, from single field to composite field, from bilateral to multilateral. Changes of international crisis have brought new challenges, and make new demands of crisis management.

This paper is to study the influences brought by expanded fields and expanded countries in crises, and tries to explore its positive effect on international crisis management. With the help of a traditional tool: the game theory, this article comes to a conclusion. The enlargement of the game elements ' range can increase the number of equilibrium solutions, and afford more possibilities to solve the international crisis peacefully, and prove it from theoretical point of view and mathematical point of view. And then, this article starts a further argument on the conclusion through case analysis. This article explores the influence of the enlargement elements on international crises from different aspects. From analyzing three cases: the First North Korean nuclear crisis, the Cuban missile crisis and the Huangyan island dispute, this article tries to explore the effect of the asymmetry payoffs, the payoffs enlarged from inside and the payoffs enlarged from outside. From analyzing another three cases: the second North Korean nuclear crisis, the Iran nuclear crisis, and the gulf crisis, this article tries to explore the effect of three enlarged players of the game: the responsible stake-holders, the mitigating countries, and the super powers. At last, this article combines this conclusion with the current system and mechanism of international crisis management, and tries to explore how to use it in reality.

目　录

第一章　绪　论

第一节　研究目的与意义

一、适应历史潮流

随着科技的进步和时代的发展，世界各国之间的联系越发紧密，从经济合作到军事合作，从跨国体育运动到跨国求学，各层次各领域的国与国之间的联系与日俱增，求和平、谋发展成为世界主题，有关国际危机管理的理论研究日显重要。

二、应对当前问题

中国作为欧亚大陆最大的陆海国家之一，有14个陆地邻国和8个海洋近邻，有诸多边界和海洋权益争端。近年来，中国在东海、南海和中印边界不同程度地出现了一些危机情况。在此形势下，研究危机管理理论成为有效提升当前危机管控能力以及预防未来危机的当务之急。

三、尝试理论探索

当前，中国关于国际危机管理的研究以时事分析为主，很少对国际危机本身的结构及其发展规律进行研究探索。本书尝试对构成国际危机的各要素间的联系及其拓展规律进行研究。一旦理论构想能够成立，对中国政策制定和危机管理行为都有一定的积极意义。

第二节　国内外研究现状

一、国外研究现状

外国学者对国际危机的研究开展较早。总体来说，这类研究可分为理论研究与实践研究两大类。其中，国际危机理论研究可以分为两类，分别是国际危机概念与特征研究以及国际危机管理方法与模型研究；国际危机实践研究可分为两类，分别是国际危机行为研究和国际危机决策研究。在所有的相关研究报告中，危机决策和危机行为方面的研究成果最为丰硕。

（一）国际危机理论研究

1. 国际危机概念与特征研究

国际危机概念榆特征研究着重于针对国际危机的内涵、特征、阶段划分等基础概念进行研究。这类研究十分必要，它可以深入发掘国际危机本质，从而统一概念，为其他学者的研究提供概念基础。

詹姆斯·多尔蒂的《争论中的国际关系理论》，理查德·赖伯的《战争与和平之间：国际危机的性质》[①]，斯奈德和戴辛的《国家间冲突：国际危机中的讨价还价、决策和体系结构》[②]等为此类成果的代表。

《争论中的国际关系理论》是中国学者在有关危机理论研究中最常引用借鉴的外国经典之一，正如该书的译者所述，“这本书是世界上最权威的国际关系理论教材之一”。该书首先描述了国际关系的内涵及发展现状，接着分别对现实主义、结构主义、建构主义、冲突和战争理论、暴力冲突的宏观和微观理论、威慑理论、国际政治经济学、国际合作与一体化理论、决策理论等作了详尽的介绍，并进行了深刻分析。书中第三章《系统、结构、行为体和国家关系理论》以及第十一章《决策理论：单位层次的行为体及其选择》为本书的撰写提供了理论基础和研究方法，对本书有着重要的指导意义。另外，该书的价值还在于它是“唯一一本能使学生不仅纵观古典和现代国际关系理论的发展史，而且可以概览以指数般效率增长的现代国际关系理论文献的教材[③]”。该书大量的注释为本书深化和扩展研究范围提供了帮助。译者所提的编写指导原则同样很有价值，包括使用跨学科方法，将新理论看作是对传统理论的精妙重组，公平客观的介绍分析，以及大量引用著述原文等。

---

① Baltimore：Richard Ned Lebow. Between Peace and War-The Nature of Interna - tional Crisis[M]. The Johns Hopkins University Press,1984.

② Glenn H. Snyder, Paul Diesing. Conflict among Nations: Bargaining, Decision-Making and System Structure in International Crises [M]. N J: Princeton University Press, 1974.

③ [美]詹姆斯 · 多尔蒂，小罗伯特 · 普法格茨拉夫 . 争论中的国际关系理论[M]. 阎学通，陈寒溪等译 . 北京：世界知识出版社,2003.

《和平与战争之间——国际危机的本质》包括危机的起源、危机与政治、危机与国际关系三部分。其中，危机的起源篇章介绍了敌意辨别、危机的意外效应以及边缘政策。危机与政治篇章介绍了危机种类、危机结果划分以及危机管理的未来发展前景。危机与国际关系篇章则是论证了危机与敌意之间的关系，并以古巴导弹危机为例进行了论证研究。

2. 国际危机管理方法与模型研究

笛卡尔的《方法论》[①]对西方学者的思维方式有深远影响，这一影响作用于国际危机管理领域，形成了国际危机方法研究这一门类。国际危机方法研究中较具代表性的是罗伯特·杰维斯的《国际政治中的知觉和错误知觉》[②]，他提出的知觉与决策理论是方法研究的著名理论之一。

国际危机管理模型研究则是依托于构建的模型进行国际危机管理研究，其中最负盛名的成果是《决策的实质——解释古巴导弹危机》[③]，该书是国际危机管理模型研究的代表作，其最大贡献在于打破了危机行为研究总是以理性假设为先决条件的桎梏，同时为如何进行个案研究提供了具有指导意义的模板。该书分为七章，其中一、三、五章为模型研究，二、四、六章则为案例分析与假设论证。作者在文中分别提出了理性行为模型、官僚政治模型和组织行为模型，对后来者的研究具有深远影响。该书中的案例分析通过多种方式进行。例如在第二章中，作者以肯尼迪视角共提出了有关古巴防卫、冷战政治、导弹力量和柏林要素的四个假设，并分别进行分析。又如作者提出了有关美国应对古巴危机的六个方案，包括不作为、外交施压、秘密接触卡斯特罗、侵袭、空中打击和海上封锁，并阐明了美国为何最终选择了海上封锁。

（二）国际危机实践研究

国际危机管理是复杂的、多维的，这就造成了国际危机管理实践行为同样具有多变而丰富的内容。因而，同理论研究相比，国际危机实践研究成果更为丰硕。国际危机实践研究包括国际危机行为研究和国际危机决策研究。由于危机管理的特殊性，危机决策的制定及决策的执行在很大程度上等同于对国际危机的管理行为，所以两者区别较小，常常放在一起进行研究。其中，较具有代表性的著作包括阿金.

---

① [法]勒内 · 笛卡尔. 谈谈方法[M]. 左天梦，译，上海：上海文化出版社，2020.

② [美]罗伯特 · 杰维斯. 国际政治中的知觉和错误知觉[M]. 秦亚青，译. 北京：世界知识出版社,2003.

③ [美]格雷汉姆 · 阿利森著. 决策的实质[M]. 北京：北京大学出版社，2008.

伯恩的《危机管理政治学——压力下的公共领导能力》[①]、布莱恩·金的《总统的危机管理行为研究》、菲利普·威廉姆斯的《危机管理：核时代的对抗与外交》、罗森塔尔的《危机管理：威胁、困境、机遇》[②]，赫尔曼的《国际危机：从行为角度出发》[③]等。

《国际危机：从行为角度出发》是较有影响力的一本著作，作者赫尔曼将危机定义为“威慑到决策集团优先目标的一种形势，在这种形势中，决策集团做出反应的时间非常有限，且形势常常向令决策集团惊奇的方向发展[④]”。赫尔曼的研究强调在危机情景中的决策制定，所以他的方法现在也被称为“处境模式”（The Situational Model）。

《危机管理政治学——压力下的公共管理》全书共分为七个部分。书中首先总结了应对危机时决策者遇到的五个挑战，然后分别在发现并捕捉危机、关键决策与实行、政治沟通以及危机的终结和责任四个章节中分析决策者在不同阶段需要不同的领导能力。经过上述分析，书中在最后总结出如何针对危机管理进行政治改革，以及在进行危机管理时如何谨慎有效地做出决策。

《总统的危机管理行为研究》是对危机管理决策者研究的典型代表，其针对总统这一代表性决策者的危机管理行为进行研究，具体则是对1953—1961年艾森豪威尔总统的危机管理行为与决策开展研究。以危机管理理论与方法论研究为基础，文章重点研究了艾森豪威尔的决策模式及其制定对外政策的方法，并通过第一、二次台海危机，苏伊士危机和柏林危机的案例分析得出艾森豪威尔总统的具体决策方法。

综上所述，国外学者的研究主要分为理论研究和实践研究两类，理论研究为决策提供方法论和概念基础，决策研究为理论提供现实依据并论证理论，两者相辅相成，缺一不可。通过前文分析，我们可以发现，国外学者对国际危机管理问题的研究侧重于危机行为与危机决策研究，有关国际危机管理理论研究的著作仍属少数。

---

① Arjen Boin. The Politics of Crisis Management: Public Leadership Under Pressure [M]. US：Cambridge University Press,2005.

② Uriel Rosenthal. Managing Crisis: Threats, Dilemmas, Opportunities [M]. German：Springer,2001.

③ Charles F, Hermann. Enhancing Crisis Stability: Correcting the Trend toward In - creasing Instability[M]. London：Westview Press，1988.

④ Philip wiuiams Crisis management:Confrontation and Diplomacy in the Nuclear Age [M]. New York: Wiley Press, 1976.

在这相对较少的理论研究著作中，尽管有学者从博弈论和系统论的角度对国际危机及其管理进行分析，但从要素拓展角度进行研究的更是凤毛麟角。所以本书的研究具有一定的理论价值，实现了一定的创新。

二、国内研究现状

同西方学者较为成熟与多样的国际危机管理研究相比，国内有关国际危机管理的研究仍处于发展阶段，尚有不小差距。总体来说，呈现出引进介绍类较多、政策指导类较少，案例描述类研究较多、理论分析探索较少的特点。国内有关危机管理研究的成果按照研究方法与特点，可分为引进介绍、案例描述、机制探析、微观分析四个类别。

（一）引进介绍类

这类成果主要出现在中国有关国际危机管理研究早期，大部分成书于2000年之前。正如胡平教授在《国际冲突分析与危机管理研究》中所述，“是针对当时国内较为缺乏有关危机的理论研究的情况，在参考和综合国外大量文献资料的基础上，总结和介绍当代国际危机管理的理论内容和研究概貌①”。这类成果包括1989年潘光主编的《当代国际危机研究》②，1993年胡平所著的《国际冲突分析与危机管理研究》等。潘光主编的《当代国际危机研究》是中国第一部有关危机管理的著作，而胡平所著的《国际冲突分析与危机管理研究》则是这类成果的代表之作，同时也是在后来学者的研究中被引用较为广泛的著作。

《国际冲突分析与危机管理研究》一书分为上、下两篇，上篇是国际冲突分析研究，下篇则是国际危机管理研究。“国际危机与危机管理研究是当代国际政治和战略研究的重要内容之一，是与国家利益和国际安全密切相关的实用性研究课题。这方面的专题研究在国外已有几十年历史，但在国内至今还没有看到从理论方面介绍国际危机研究的论著③”。正是因此，作者在书中重点探讨了危机管理模型与方法论研究。作者介绍了当代危机研究的几种概念性模型：（1）损益计算模型或理性角色模型；（2）组织过程模型；（3）政府政治学模型或组织响应模型；（4）个体紧张模型；（5）敌意相互作用模型。书中还介绍了危机管理的三级结构、国际危机预测和决策支持的计算机辅助系统、国际危机行为研究及其概念群等。可以说该书不仅

① 胡平．国际冲突分析与危机管理研究[M]．北京：军事谊文出版社，1993.

② 潘光．当代国际危机研究[M]．北京：中国社会科学出版社，1989.

③ 胡平．国际冲突分析与危机管理研究[M]．北京：军事谊文出版社，1993.

是中国国际危机管理研究的早期代表之作，也是中国少有的国际危机理论探索研究之作，对国内学者的相关研究起到了重要的奠基与指导作用。

（二）案例描述类

这类研究方式在世界国际危机管理领域中起源较早，优点较为明显。案例描述研究能够较为细致地描绘出危机发生发展的整个过程，目的是“较为系统、全面地勾画出各方实施危机管理的‘完整画面’，以便使读者在掌握危机管理理论的基础上，较好地解读各类危机行为，从微观角度了解危机是怎么管理的[①]”。国际危机管理研究属于社会科学范畴，其本身具有的复杂性和多面性决定了国际危机管理研究要更多地结合实践、结合政策与历史案例进行分析。即便是通过演绎法得出的理论模型也一定要结合具有广度和深度的案例分析进行系统论证。因此，此类成果最为丰硕，也最受学者喜爱。

这类研究成果包括徐辉的《国际危机管理理论与案例解析》，张沱生与史文（Michael Swain）的《对抗·博弈·合作——中美安全危机管理案例分析》[②]，郭伟华、韩凝、曾勇的《危机的逻辑——冷战后国际热点战略分析》[③]等。需要说明的是，由于案例分析法是国际危机管理研究中十分重要的研究方法，所以本节后文所述的两种类型中也同样不乏案例的身影。以上列举的仅为具有明显案例分析特征，并以此为主要内容的著作。

《国际危机管理理论与案例分析》在理论概述的基础上通过案例分析进行国际危机管理研究。该书分为理论概述、案例解析两部分。理论概述部分围绕国际危机的内涵界定，危机管理基本理论和危机管理策略原则展开研究。案例部分所占篇幅较大。作者通过古巴导弹危机、海湾危机、两次朝核危机和伊核危机等五个具体案例对所阐述理论进行论证分析。书中对国际危机的定义将国际体系视角与外交决策视角相结合，认为“国际危机是因为两个（或两个以上）国际行为体之间的冲突性相互作用对现存国际体系结构平衡与稳定构成挑战的一种情势。在此情势下，各方的决策者或决策单位认识到：某种基本价值面临威胁，必须在一定的时间内做出决

① 徐辉．国际危机管理理论与案例分析[M]．北京：国防大学出版社．2011.

② 张沱生，史文．对抗 · 博弈 · 合作：中美安全危机管理案例分析[M]．北京：世界知识出版社，2007.

③ 郭伟华，韩凝，曾勇．危机的逻辑：冷战后国际热点战略分析[M]．北京：新华出版社，2013.

策和反应，这种反应导致敌对性军事互动的可能性很高[①]"。该书提出了八种较常见的危机管理策略，即敲诈勒索、有限试探、既成事实、强制外交、针锋相对、软硬兼施、划清底线和争取时间。同时提出了九项危机管理基本原则，包括"决策过程集思广益""选择有限的目标和手段""正确认知对手动机""严格控制军事行动实施""基于利益讨价还价""保持选择的灵活性""保持沟通渠道畅通""寻求国际国内支持""考虑危机不利影响"等。该书按照国际体系、国家、决策者三个层次展开案例分析，全面剖析，鞭辟入里。

《对抗·博弈·合作——中美安全危机管理案例分析》可看作一本有关国际危机管理研究的论文集，由十六位中美学者撰写的十二篇文章构成。该书通过比较研究的方式对中美两国的国际危机管理行为做出了深入分析。该书确立了七个研究方向，包括国际危机管理的概念方法研究、中美国际危机管理比较研究、朝鲜战争危机案例分析、越南战争危机案例分析、台海危机案例分析，"炸馆事件"危机案例分析和中美撞机危机案例分析。针对每一个研究方向，编者都选择了一篇中国学者的文章和一篇美国学者的文章进行比较研究，从而较为清晰地展现了中美学者在危机管理研究方面的异同，为中国国际危机管理研究做出了很大贡献。

《危机的逻辑——冷战后国际热点战略分析》的特点正如该书导言所述，"就当前部分国际热点问题进行了分析探讨，试图通过每一个问题的分析过程，传达该书作者的几点认识[②]"。作者基于国际危机管理的复杂性，认为单纯的理论研究容易出现国际危机管理实践与理论相脱离的情况，因此并未对理论过多阐述，而是通篇以案例分析为主。该书包含对冷战后东亚地区秩序、两次朝核危机、东海危机、台海危机、南海危机、俄格冲突、阿富汗问题、达尔富尔危机等诸多案例的分析研究。该书对近期国内外的代表性危机做了详尽的描述，并进行了分析，有着一定的参考价值。

（三）机制探析类

同自然科学相比，社会科学的独特之处在于其研究成果往往通过影响决策的方式与现实相联系。因此，有关国家危机管理体制机制的研究同样十分必要。这类著作可分为单一国家体制机制研究和国别体制机制研究。前者针对单一国家进行研究，较为透彻深入；后者则通过比较研究的方法，对世界主要国家的危机管理体制

① 徐辉．国际危机管理理论与案例分析[M]．北京：国防大学出版社,2011.

② 郭伟华，韩凝，曾勇．危机的逻辑：冷战后国际热点战略分析[M]．北京：新华出版社，2013.

机制进行研究，通过横向比较使读者能够一览全貌。

单一国家体制机制研究的代表作为冯海沧的《美国国际危机管理》①，其是当前国内对美国危机管理体制机制研究较为深入的一篇著作。该书通过对美国国际危机管理的历史演变、体制机制进行论述分析，总结出美国国际危机管理所具有的行为特征，即强烈的国际战略意识、灵活的实用主义态度和鲜明的地缘政治色彩。该书从政治、经济、军事、社会、文化五个影响因素入手，分析美国国内因素对危机管理的影响，总结出美国国际危机管理的局限，并进一步预测了其发展趋势。由于本书的案例分析以美国案例为主，故此书对本书的研究有着较大的借鉴意义。

国别体制机制研究的代表作是《国际危机管理概论》②，该书采用机制研究与案例研究相结合的方法，对国际危机管理理论、主要国家管理体制机制等问题进行了阐述与分析。书中首先对危机概念做出了较为详细的分析，提出了危机具有的三个特性：威胁性、不确定性和紧迫性；危机具有的四个阶段：潜伏期、发展期、爆发期和恢复期，进而提出了危机管理的四阶段任务，包括危机前的预防、危机的准备、危机爆发期的反应和危机结束期的恢复，也就是所谓的“PPRR”。危机前的预防要求通过分析危机的环境找出导致危机的关键因子。危机的准备要求一方面制定应急计划，另一方面要建立危机预警机制。危机结束期的恢复强调在危机降级结束后恢复国内与国家间正常秩序，维持国家和地区稳定。作者在书中提出了危机管理的要求，包括战略性、权变能力、心理约束能力、决断力、对危机性质认识的科学性和高明的沟通能力等。

明确了上述概念，作者开始进行国别体制机制研究，分别对俄罗斯、美国、韩国、以色列和日本的危机管理机制进行了研究，并通过六个案例进行了辅助研究。该书对各国的机制研究最为全面，其中有关美国危机管理机制的研究对本书有着较大的借鉴意义。作者对美国国家安全委员会（NSC）、中央情报局（CIA）、国务院、国防部以及白宫办公室等危机管理的相关部门做了详细介绍和分析。例如书中介绍了国家安全委员会决策过程的三个层次：最高级由总统主持，参加者为国家安全委员会主要成员；部长级由国家安全事务助理主持，参与者除国家安全委员会主要成员外，还包括其他指定部门的负责人；副部长级由国家安全事务副助理主持，成员包括副国务卿、国防部副部长、中情局副局长、参联会副主席以及临时指定成员等。

① 冯海沧．美国国际危机管理[M]．北京：军事谊文出版社，2010.

② 中国现代国际关系研究所．国际危机管理概论[M]．北京：时事出版社，2003.

（四）微观分析类

不同于上述三类研究的宏观角度，本类著作着重于从微观角度进行研究，以点带面，以小见大。这类著作往往对危机中某一具体问题或单一要素进行深入研究，并对研究成果进行扩展，从而发现危机管理中的潜在规律，可称为一种“微观的国际危机管理研究”。本类研究方式较为新颖，在国内所见不多，且皆为新近之作，包括孙德刚的《危机管理中的国家安全战略》[①]和郑伟的《国际危机管理与信息沟通》[②]等。

《危机管理中的国家安全战略》重点研究先发制人战略在国际危机管理中的特点及实证应用。该书由上、中、下三篇构成，上篇为先发制人战略的理论研究，中篇为该理论在传统危机中的实证研究，下篇则为其在非传统危机中的实证研究。该书针对国际危机管理中的先发制人这一特定战略进行理论探析，属于“微观”的国际危机管理理论研究。在界定内涵的基础上，该书考证了先发制人理论的思想渊源、内在逻辑及其在危机管理中的具体实践，并通过传统与非传统的危机案例进行实证探析，论证其结论。这一研究思路对同属“微观”研究的本书有较大借鉴意义。

《国际危机管理与信息沟通》重点研究国际危机管理中信息及信息沟通的重要作用和地位。该书的特点在于从案例中归纳理论，在理论中讲述案例。该书以小见大，从特殊到一般。通过研究古巴导弹危机中的信息沟通情况，探索美苏危机根源及信息沟通在其中扮演的角色，进而结合美苏两国的危机决策体制机制，研究信息沟通在国际危机管理中的普遍作用和地位，实现了由特殊到一般的升华。该书内容包括决策者的认知、“意象”、个性和信仰、信息处理方式、“愿望思维”、“历史学习”和“历史对比”等。

除以上类较具代表性的研究外，国内还有一些其他类别的国际危机管理研究著作，例如赵绪生的《冷战时期危机及危机管理比较》[③]就是对特定时期的国际危机管理理论进行研究。作者针对冷战后国际政治危机出现的新情况与新变化进行研究，对国际危机成因及新特征尝试总结界定，有着较大的价值。但由于同类著作较少，故无法划归为一类。

---

① 孙德刚．危机管理中的国家安全战略[M]．上海：上海人民出版社，2010.

② 郑伟．国际危机管理与信息沟通[M]．北京：中央编译出版社，2009.

③ 赵绪生．冷战时期危机及危机管理比较[J]．国际论坛，2003（1）.

除去上述著作，国内还有《国际危机管理分析——以“朝核危机”为例》[①]、《冷战后国际危机管理问题研究》[②]、《当代中国国际危机管理模式选择研究》[③]、《国家利益视角下的国际危机管理研究》[④]、《危机管理与中美关系》[⑤]、《朝核危机管理与中国的外交抉择》[⑥]、《中美处理两国外交危机的特点比较》[⑦]、《中美危机管理——以朝核危机为例》[⑧]、《中日关系：结构冲突还是博弈合作——从危机管理的视角进行分析》[⑨]等文章，也从不同的视角对国际危机管理进行了分析与探讨。

综上所述，当前中国关于危机管理的研究以案例研究为主，理论研究仍属少数。理论研究中，以总结与介绍西方成果为主，对危机管理理论进行创新与探索性研究的更是凤毛麟角。因此，本书的理论探索有着重要的意义和一定的学术价值。

第三节　研究基本思路和整体框架

基于上述核心理论，本书的基本思路按照辨析基本概念—明确理论基础—探索核心理论—综合案例分析—尝试实际运用的总体思路，主要采取专题研究、广泛调研、理性辨析、梳理总结、有针对性地进行演绎研究等方法，从中归纳概括出带有规律性的认识。

本书基于国内外对危机管理理论研究的思路和方法，对构成危机事件的各要素进行分析，将其划分为核心、重要、一般三个层级。本书旨在研究要素间的关系及

① 田丙臣．国际危机管理分析：以“朝核危机”为例[D]．上海：华东师范大学外交学院，2010.

② 张亮．冷战后国际危机管理问题研究[D]．长春：吉林大学行政学院，2006.

③ 高伟．当代中国国际危机管理模式选择研究[D]．长春：吉林大学行政学院，2009.

④ 李汉中．国家利益视角下的国际危机管理研究[D]．武汉：华中师范大学政治学院，2005.

⑤ 邱美荣．危机管理与中美关系[J]．现代国际关系，2005（3）.

⑥ 林利民．朝核危机管理与中国的外交抉择[J]．现代国际关系，2006（8）.

⑦ 丁孝文．中美处理两国外交危机的特点比较[J]．国际问题研究，2004（6）.

⑧ 李巧玲，周琦．中美危机管理：以朝核危机为例[J]．湖南医科大学学报（社会科学版），2007（1）.

⑨ 矫正．中日关系：结构冲突还是博弈合作：从危机管理的视角进行分析[J]．长春理工大学学报，2009（1）.

其在危机中的参与情况及影响，探索其规律，并以具体实例为依托验证规律，最后设想此规律在实践中的运用之法。依照上述思路，全书共分为五个部分六个章节：

第一部分为绪论，简述论文的研究目的与意义、国内外研究现状、整体研究思路。

第二部分为国际危机管理理论研究，本章节主要界定危机及要素概念的内涵，明确要素拓展理论适用的危机类别与阶段，简要介绍博弈论的求解方法，为后文的理论探索打下基础。

第三部分为要素拓展理论初探，这一部分展开对国际危机管理要素拓展理论的初步研究。明确要素的构成，对其类别进行划分，进而总结出要素具有的特点，并通过定性定量分析论证要素的特点及对危机的影响。

第四部分为案例分析，包括两个章节。前一个章节为利益拓展案例分析，以第一次朝鲜核危机、古巴导弹危机、黄岩岛危机为例，分析探索利益拓展在现实案例中的具体体现，并分析利益要素在危机降级升级过程中所起作用，总结利益要素拓展的优缺点与注意事项。后一个章节为博弈方拓展案例分析，以第二次朝鲜核危机、海湾危机、伊朗核危机为例，结合危机局势和危机发展过程中的管理情况，探索危机发展过程中博弈方要素的拓展情况及其造成的影响，探索博弈方拓展要素在危机中所起的作用，总结其优缺点，得出结论。

第五部分为要素拓展理论的实际应用，这一章节结合国际危机管理体制机制建设相关理论，探索要素拓展理论在现实中的运用方法，并阐述要素拓展理论运用中应把握的若干问题。

第四节 研究拟采用的方法和手段

结合当前国际危机管理研究的常用方法，本书主要采用的研究方法包括比较分析法与定量分析法。

一、比较分析法

比较分析法主要用于辨别不同国际事件的异同。本书通过多案例差异比较的方法开展研究。例如通过比较黄岩岛与海湾危机两个案例中拓展利益的不同特征和作用，分析内部分解利益和外部拓展利益分别对危机降级产生了哪些影响。

二、定量分析法

本书通过赋值分析法确定要素所具有的特性，通过博弈论的常用方法，探讨要素拓展对危机结果所造成的影响，以论证要素的拓展对危机降级带来的有利影响。

第五节　研究的创新之处

本书的创新之处主要包括两点。一个是从新的视角展开危机管理理论的研究，通过总结要素具有的融合性由弱及强这一特征，尝试探索如何通过对危机中的要素进行拓展，从而增大博弈空间，增加讨价还价的余地；总结得出运用要素时的方法，包括内部分解、外部拓展等；并总结得出运用要素时的四项原则，包括避免核心要素误判、注重不对称要素拓展、首先考虑单一领域内拓展以及注重发挥正和要素作用。另一个就是结合现有的国际危机管理机制，尝试构建运用要素拓展理论所依托的管理机制，即由情报、决策、行动三个子系统构成的管理系统，并对情报、决策、行动三个子系统的构成分别进行了探索。

第二章　概念界定与理论基础

第一节　要素内涵界定与分类

要素是本书的核心概念，对其内涵进行界定有着重要意义。本书探讨的是国际危机中的要素概念，故有必要首先对国际危机进行界定。

一、国际危机概念界定

任何概念都由属概念与种差两部分组成，国际危机同样如此。危机这一属概念较为明确。其本初为一个医学术语，特指病人处于濒死时的状态，而当前一般沿用其引申含义，包括："1. 令人感到危险的时刻；2. 一种产生危险的祸根；3. 严重困难的紧要关头等。"①

国际危机是危机的一种，同国内危机相对，与安全危机等概念相交集。国际这一种差限制范围较广，可以理解为发生在国际范围内的危机，例如可将其分为一国跨境危机与多国危机等；也可以理解为国际体之间爆发的危机，例如双边危机与多边危机等。另外，国际危机从所处领域角度出发还可分为国际经济危机、国际环境危机、国际安全危机等。本书旨在通过要素拓展的方式降低国家间对抗，缓解冲突，防止其发展为局部战争，所以本书研究的国际危机为双边或多边危机，集中在政治军事领域，可以视为国际体之间爆发的政治军事危机的简称。

针对这一类国际危机，国内外学者有着十分深入的研究。但其构成较为复杂，故学界至今还没有就其概念得出统一结论。对其概念的界定包含多个角度，其中决策者角度和国际体系角度是最常见的两种。决策者角度的代表是赫尔曼的危机定义，即"对一国决策者来说，当他们认识到某种决策情势具备下述三个条件时，该国便处于危机状态。这三个条件包括："1. 他们的政治制度的基本价值面临严重威

① 百度百科：黄岩岛[R/OL]. baike. baidu. com/subview/735524/11154601. html.

胁；2. 在改变或防止这种情势进一步恶化之前，可资利用的决策时间比较短；3. 很快会导致敌对性军事行动的爆发，或者使现已存在的敌对行动急剧升级。”[①]这一定义之后由迈克·布雷切加以补充，其在原有的三个条件基础上加入了“外界或内部环境变化”这一条件，并逐渐发展成为决策者角度较为权威的定义。

从国际体系角度定义国际危机则更为复杂，这一角度注重的是体系变化。在一个稳定运行的国际体系或次级体系中，由于构成这一体系的要素或要素间的关系出现了变化，而使体系的均衡结构受到冲击，呈现出不稳定的状态，当体系受到此种冲击的时候那么就可以说这一区域处于国际危机之中。较为著名的定义是麦克莱兰（C. A. McClelland）提出的“当在一个特定的地区内物质能量扩张有明显的强烈上升时，就可以说当时存在着一场激烈的国际危机[②]”和奥兰·杨（O. R. Yang）提出的“国际危机是一系列迅速发生的事件，这些事件使不稳定因素对国际体系或任何次级体系的影响都超出了正常水平，增加了体系内部暴力发生的可能性[③]”。中国学者同样从这个角度提出了自身的理解，例如胡平的“危机是一种改变或破坏系统当前平衡状态的现象，危机可能使一个或若干关键系统变量发生突然或意外的变化[④]”。

还有些学者结合两种角度对国际危机进行定义。其中，丁邦泉的定义较具代表性，“国际危机是指两个以上国际行为体特别是国家之间在政治、外交以及军事、经济等关系方面发生严重的失衡、失序、失常，从而可能危及有关各方的利益，甚至可能引发武装冲突乃至战争的动荡或紧张状态；它也包括具有国际联系和国际背景的国内危机。这种紧张状态威胁到有关国家的主要价值和目标，有可能引起武装冲突或战争，需要有关国家在较短时间内做出反应[⑤]”。

由以上的定义可以看出，学者们尽管角度不同，但强调的限制条件主要有三个：一是变化，即体系由稳定变为不稳定；二是紧迫，即留给决策者的应对时间较短，或者说变化呈现出激变的特征；三是风险，即如果不做出有效控制，则危机有可能发展成为军事冲突，导致破坏体系平衡的严重后果。

由于本书试图通过要素拓展的方式缓解体系内部矛盾，使其恢复平稳状态，所

① 魏志江，李燕萍. 试论朝鲜半岛第二次核危机与危机管理[J]. 世界政治与经济，2006（3）.

② 徐辉. 国际危机管理理论与案例解析[M]. 北京：国防大学出版社，2011.

③ 李小琼. 论危机管理[M]. 北京：国防大学出版社，2011.

④ 胡平. 国际冲突分析与危机管理研究[M]. 北京：军事谊文出版社，1993.

⑤ 丁邦泉. 国际危机管理[M]. 北京：国防大学出版社，2004.

以本书从国际体系角度对国际危机进行界定。结合以上三点，本书对国际危机的定义是：在国际体系或次级体系中，由于内部结构发生变化，而对现存体系平衡与稳定构成挑战的一种形势，这种形势一旦不能在短时间内有效控制，则会导致结构恶化，严重时可能影响旧有体系，甚至导致体系坍塌。

二、要素概念界定

要素这一概念有三种常用的解释方式，包括构成事物必不可少的因素，组成系统的基本单元，以及具有共同特性和关系的一组现象等①。通过国际危机概念可以看出，本书所述的要素应当视为组成体系的基本单元，其具有以下几个基本属性：

一是关系发生变化。良好的系统中，各部分都能各司其职，保持系统良好运转。一旦危机爆发，则系统中要素自身或相互间关系必然发生变化。

二是诱使危机爆发。如果说前一特征是系统论中要素所具有的普遍特征，则这一特征是危机与危机管理中要素所具有的独有特征。金一南教授认为危机分为继发性和偶发性危机。那么，可以认为要素间关系的持续性恶化导致了继发性危机，而要素的激变则导致了偶发性危机。总而言之，国际危机体系中的要素具有诱使危机爆发的属性。

三是参与博弈过程。国际危机管理过程可以视为双边或多边的博弈过程，而构成危机系统的各要素包含博弈过程中的主体与客体，参与博弈的全过程。这是本书所述的要素的第三个属性。

本书认为，要素是指构成国际体系或次级体系的基本单元，其自身或相互间关系变化导致了危机的产生，并通过参与博弈的方式影响危机的走向。

第二节 国际危机的类别划分

国际危机由多种复杂因素构成，多方相互作用而形成的合力决定其发展变化。因此有必要从不同角度对其进行划分，以细化研究。

国际危机最常见的分类方法是依照不同领域进行划分。前文已经明确，本书所述国际危机概指国际军事政治危机，故本节基于这一类危机进行探讨。

---

① 要素百科[R/OL]. Baike. baidu. com/view/290205. htm?fr=wordsearch.

按照危机的进展速度，可分为短暂性危机和持续性危机。顾名思义，短暂性危机通常指那些矛盾较弱，能够在一系列管理手段下迅速解决的危机，例如中美南海撞机事件等。持续性危机则指那些矛盾较强，持续时间较长，并且有可能出现反复的危机，例如朝核危机、柏林危机、台海危机等。

在威胁因素存在的前提下，依据国际环境是否发生变化，可将危机分为现实危机和潜在危机。现实危机指那些矛盾激化爆发，已经有着外在表象的危机。潜在危机则指那些矛盾在内部酝酿，还未有明显外在表象的危机。

还有学者以危机当事国的意图和动机为标准，将国际危机分为三类，包括“将敌对行为正当化的危机”（justification of hostility crisis），“连带危机”（spin-off crisis）和“战争边缘政策所导致的危机”（brinkmanship crisis）[①]。“将敌对行为正当化的危机”指为了合理发动战争而引发的危机，这类危机的特点在于一方当事国旨在寻求合理发动战争的借口，而并不希冀通过和平手段化解危机。该国往往有意引导危机升级，并最终引发战争以达到自身目的。这类危机的典型代表就是美伊之间的海湾危机。“连带危机”指一国处于战争准备或战争之中，由于某些战略需求或安全需求而同交战方之外的第三方国家间发生的危机。“战争边缘政策所导致的危机”是最常见的危机种类，泛指通过威慑手段获取利益的危机。这类危机的特点在于双方力图在避免战争的前提下获取最大利益，在博弈过程中，双方始终处于战争边缘状态。

上述分类方式为相关研究提供了有力的依据。结合上述分类方式，以当事国的意图和动机为标准，本书认为可将危机划分为三类：战争前沿危机、战争边缘危机与无战争威胁危机。

战争前沿危机指具有敌意的国家之间，其中一方或双方为了发起战争而蓄意挑起的危机。这类危机旨在寻求发动战争的合法性，希冀通过这种方式降低其他国家与组织的阻力，为侵略披上一层合理的外衣。

战争边缘危机指具有敌意的国家之间，由于偶然事件而引发的危机。这类危机力图在避免战争的前提下尽量获取最大利益，但同时也具有爆发战争的可能性。这类危机同时具有偶然性和必然性。偶然性是指危机爆发的时间与事件是偶然的，尽管双方互有敌意但并不能对危机的爆发做出准确预测。必然性是指爆发危机这个结果是必然的，双方之间的相互敌意长期存在，在敌意上升过程中必然需要通过一种合理方式进行压力释放。在对待战争愈加慎重的今天，危机无疑是最好的方式，所

① 王鸣鸣．国际危机中的决策与管理：对国家危机应对的理论思考[J]. 科学决策，2004(7).

以说这类危机同样具有必然性，或迟或早终将爆发。

无战争威胁危机指不具有敌意的国家之间，由于偶发性事件而引起的危机。这一概念同帕特里克·詹姆斯（Patrick James）的准危机概念具有相似含义。此类危机基本不具有上升为军事冲突的潜在威胁，具有极大的偶然性。

从上述论述中可以看出，依据事件爆发是否偶然和是否存在敌意两个标准，可以得出构成危机的分类方格。具体如表2-1所示：

表2-1　危机分类情况

敌意	事件性质	
	偶然事件	非偶然事件
存在	战争边缘危机	战争前沿危机
不存在	无战争威胁危机	—

注：由于不存在敌意的双方或多方之间没有蓄意谋划危机的动机，故表中右下描述的情况不存在。

第三节　国际危机的阶段划分

同其概念一样，学者对国际危机的阶段划分也有着不同解读。有些学者认为，国际危机可以分为潜伏期、爆发期、高潮期以及转化期。这类划分方式将危机视为区域中的潜在破坏因素，并且会在一定条件下被激活。这类划分方式认为危机具有多种可能，有摧毁地区平衡的可能，也有恢复平静或者消除的可能。还有学者将危机划分为爆发阶段、升级阶段、降级阶段、结束阶段。这类划分方式将危机视为一次突然性事件，并将其从开始到结束的过程进行阶段划分，基于这种理念的划分方式称为事件中心方法（event-centered approach）。这种研究方法具有一定的局限性，因为危机并非凭空产生，而是基于一系列问题的累积，如果仅将危机作为一个孤立事件，那么危机管理从某种层面上变成了意外管理。因此，本书重点参考第一类划分方式，并结合理论需要将危机划分为潜伏期、博弈期、恢复期三个阶段。

潜伏期是指危机处于潜伏状态的一段时期。如果说国际危机是介于和平与战争之间的状态，是由和平形态转向战争形态的过渡期，那么潜伏期就是和平与危机之间的过渡期。潜伏期的特征在于，博弈双方总体上处于和平状态，然而由于信仰、理念、历史遗留等原因，双方关系中存在矛盾。危机藏于和平的外衣之下，处于潜在的酝酿和发展过程中。在发展过程中，有些危机可能悄无声息地被化解，但更多的矛盾会在一定的契机下，在合适的国际气候下爆发，由藏于内里发展至表露于外，转化成为一场危机。

博弈期是指从危机爆发伊始至爆发结束的时期。这一时期内，危机成为现实威胁，令一方或双方产生强烈的胁迫感。这一时期，博弈双方受到各方面的压力，并始终具有卷入战争的风险。双方会围绕核心利益展开针锋相对的博弈，通过一系列外交、军事、经济手段向对方施压，以自身的筹码与对方讨价还价，力求在危机中获取较大利益，较大程度地实现战略目的。这一阶段有时较短，例如南海撞机事件中，危机爆发期仅持续了数月时间；有时较长，例如朝核、伊核危机的爆发期长达一年或数年。这一时期内，危机的发展过程大多并不平稳，而是不断出现反复，在相关分析图中呈现出波峰波谷交错的态势。有些呈螺旋式上升，并发展成为军事冲突；有些则逐步降级，危机消弭于无形。

恢复期是指从双方和平解决危机至恢复新的稳定态势的时期。这一时期主要的工作包含履行危机过程中签署的各项协议，消除危机带来的不利影响和不稳定因素等。这一时期往往以协议内容履行完毕为标志。如果这一阶段的工作处理得当，则不仅能够消除危机带来的不利影响，还能改善双边关系，增进国家间合作与交流。如果处理不当，则会产生新的危机之种，进入新一轮的危机潜伏期。有些国家间的矛盾较深，且后续事宜处理不当，导致在极短时间内爆发新的危机，这就是系列危机的来源。例如三次柏林危机、两次朝鲜核危机等都属此类。

第四节　理论基础

国际危机管理研究呈现出理论多元化的态势，其中较为著名的包括：罗伯特·杰维斯的知觉与决策理论，他通过心理学研究方式，围绕决策者形成的认知与对方“意向”进行研究；约翰·斯坦布鲁纳的决策控制论，他提出应该综合传统范式和控制论范式进行危机行为研究；格雷汉姆·艾利森的三种决策模型，他打破传统理性决策模型，提出了官僚政治模型和组织行为模型，认为在进行研究时不能忽略决策内部的相互作用；施耐德和迪辛的对策论研究方法，他们将对策论的词汇应用于危机管理研究，通过对不同类型危机中求胜、妥协、战争、让步四种行为的不同偏好进行研究。除了上述较具代表性的研究理论，在研究危机管理时还有一种经常使用的理论工具，那就是以莫尔、摩根、谢林、威尔肯菲尔德为代表的博弈论研究方法[①②]。

一、博弈论与危机管理

博弈论在最初可看作应用数学的一个分支，在其他领域中很少见到其身影。1950年，约翰·纳什提出了纳什均衡，掀起了一阵博弈研究的热潮，并使其成为经济学领域中较为普及的研究工具，他本人也凭此荣获诺贝尔经济学奖。1960年，托马斯·谢林出版了《冲突的战略》，进一步扩大了博弈论的应用范围。凭借此书，他在2005年又一次获得诺贝尔奖。他的主要功绩在于将复杂的数学问题进行了简化，并将其引入了国际关系领域。从此，在研究人与人、国与国之间的互动及影响时，博弈论都是最常用到并最为有效的理论之一。

（一）纳什均衡

博弈论内容较为广泛，这里仅简要介绍本书所采用的研究方法，即导出纳什均衡的方法。

首先明确什么是纳什均衡。假设G代表博弈，$S_1,\cdots,S_n$代表参与者的战略空间，$u_1,\cdots,u_n$代表收益函数，那么纳什均衡的定义为“在n个参与者标准式博弈$G=\{S_1,\cdots,S_n;u_1,\cdots,u_n\}$中，如果战略组合$\{S_1^*,\cdots,S_n^*\}$满足对每一参与者i，$S_i^*$是（至少不劣于）他针对其他n−1个参与者所选战略$\{S_1^*,\cdots,S_{i-1}^*,S_{i+1}^*,S_n^*\}$的最优反应战略，则称战略组合$\{S_1^*,\cdots,S_n^*\}$是该博弈的一个纳什均衡[③]”。

以上定义可以适用于许多经济与社会活动，接下来以国家间交往为例对其进行解释。当两个国家产生冲突的时候，每个国家都可以做出不同的策略选择，双方的策略选择共同构成一个大的集合，这就是博弈的策略集。双方在信息沟通良好的情况下，往往会依据对方采取的策略与行为提出应对措施，那么，如果双方采取的措施都是应对对方行为的最优反应，我们就把这种状态叫做作纳什均衡。运用数学观

---

① Austen-Smith, D. *Information Transmission in Debate* [J]. American Journal of Political Science，1990.

② Barro, R. *Reputation in a Model of Monetary Policy with Incomplete Information*[J]. Journal of Monetary Economics, 1986.

③ [美]罗伯特·吉本斯. 博弈论基础[M]. 高峰，译. 北京：中国社会科学出版社，1999.

点判断，如果博弈论还能产生一个解，那么这个解一定是纳什均衡[①]。

（二）博弈论的应用方法

上节介绍了博弈论基础以及求得纳什均衡的方法，本节结合托马斯·谢林的研究成果介绍博弈论在国际危机管理分析中的应用方法。

1. 分解整体过程

博弈是一个持续而充满变化的过程，很难用一个模型解释其从始至终的整体变化，所以，在进行博弈分析时，往往将整体过程分解为一个个片段进行分析。例如在讨论威慑与允诺这对相关概念的时候，谢林提出了化整为零的阶段化方法，将整体谈判过程阶段化，以论证在这种情况下进行的允诺更为有效。

2. 巧妙设置情景

情景研究是博弈论研究中最常用到也最有效的研究方法之一，将具有相似情况的案例进行类比研究，或者将国与国之间的复杂博弈行为简化为人与人之间的日常讨价还价行为，在限定条件的基础上论证因变量与自变量之间的相互关系与变化，以从各个侧面对国家互动进行研究，并最后综合得出结论。例如在研究有着共同利益，却缺乏有效沟通交流的国家如何形成默契的时候，谢林假设两个空降兵意外落到同一地区，双方无法交流，但唯有尽快找到对方才能共同获救。通过对这一案例的研究，谢林发现双方合作需要寻求合作契机，而契机往往是具有显著表象，或具有唯一性的关键点。

二、国际危机管理研究中的拓展思想

本书的另一个研究基础是国际危机管理研究中学者体现出的拓展思想。有关国际危机管理的著作浩如烟海，其中许多都涉及要素拓展的内容，这些内容常见于危机基本内涵、危机管理策略原则等篇章，主要可以归纳为三类。

（一）利益交汇，“零和”转向“非零和”

由“零和”转向“非零和”是要素拓展理论所要实现的预期目标，也是这一理论的核心。学者对这一目标的描述从多个角度出发，下面对其进行简要介绍。

有些学者从博弈论角度出发，明确提出实现“零和”转向“非零和”，乃至“正和”的转变。例如“人类和国际社会易于爆发危机的原因之一，就是太多的人

① 需要注意的是，如果解仅有一个，那么其一定是纳什均衡，但是在推导过程中，解的数量不一定唯一，存在多个均衡解的情况。

们习惯于用‘零和对策’的观点看待或处理冲突……。事实上，相当大一部分冲突都具有或可以转变为‘正和对策’的性质，即每个局中人都可能在某种程度上获益，对策结局可以出现其和大于零的积极结果[①]”。又如“二是采取‘双赢’式的反应，一方面在事态发展不至于导致影响全局的安全威胁时，尽量通过加强对话沟通或谈判协商等‘软手段’，缓和彼此矛盾，并给予对方可以保住面子的‘台阶’，促进以博弈中的‘正和’结果来结束危机[②]”。

有些学者从利益交汇角度出发，提出寻找利益交汇点，并以此为突破口来化解危机。这里所说的利益交汇点，事实上就是危机博弈中的“非零和”部分。例如“通常国家之间即使因某个问题而发生危机，但在其他领域仍会有许多利益交汇点，因此在处理危机的时候，政策目标往往是将整体关系放在首位，在具体危机上彼此做出妥协[③]”。又如“完全冲突通常只会在大规模毁灭性战争中出现，否则在一般战争中也很难发生，虽然冲突论承认冲突产生的合理性，并以假设的‘志在必胜’的冲突主题作为研究对象，但是并不否认冲突双方之间除了冲突利益，往往还存在某种共同利益。事实上，研究对象的多样性本身反映了国际关系中对立冲突和合作依赖并存这一现象[④]”。

（二）保持灵活选择，拓展核心要素

有些学者从管理危机的具体操作出发，提出对核心要素进行拓展，以增加博弈空间，为核心博弈方提供更多选择，从而有效化解危机。

这类论述中较具代表性的有“国际矛盾中对立的双方，往往希图第三方加盟，以形成有利于己的局势，从而为国际社会的其他行为体留下了纵横捭阖的空间[⑤]”。这段论述中阐述了博弈方与博弈空间的相互关系，即随着博弈方的拓展，博弈空间随之增大。还有“将大的、难以解决的争议分解为局部的、可以管理的问题……因此，在难以达成一揽子解决方案的情况下，应该努力设法将综合性的、困难的问题分解为局部的和易于管理的问题逐一加以解决，以建立合作习惯，找到突破点，增加谈判解决问题的动力与信心[⑥]”。这段论述中不仅包含寻求利益交汇点的思想，还

① 胡平．国际冲突分析与危机管理研究[M]．北京：军事谊文出版社，1993.

② 王勇，陈森林．国家安全危机管理研究[M]．北京：国防大学出版社，2011.

③ 杨洁勉．国际危机泛化与中美共同应对[M]．北京：时事出版社，2010.

④ [美]托马斯·谢林．冲突的战略[M]．赵华，译．北京：华夏出版社，2005.

⑤ 冯海沧．美国国际危机管理[M]．北京：军事谊文出版社，2010.

⑥ 张沱生，史文．对抗·博弈·合作——中美安全危机管理案例分析[M]．北京：世界知识出版社，2007.

包含内部分解的有关思考，即将那些大的难以解决的核心利益分解为局部的、具有“非零和”性的若干拓展利益，从而有利于找到突破点，和平解决危机。

（三）阐述两难困境，赋予现实意义

这类论述虽然没有直接涉及要素拓展理论的相关内容，却对要素拓展理论有着重大价值，因为它赋予要素拓展理论现实意义，是要素拓展理论的产生根源。

这类论述中较具代表性的包括“危机管理最大的挑战是既要增进或保护自身的关键利益，又要避免挑起不必要的升级和引发军事冲突，这常常使决策者在操作上面临两难选择：一方面要表明保护自身利益的坚定决心，另一方面又要避免使对方感到已经毫无妥协余地；一方面需要发出寻求缓和的信号，另一方面又要避免使对方误判为示弱与屈服[①]”。论述中前一句表明危机带来的最大挑战，即维护自身利益的同时避免军事冲突的发生，后一句则是对决策者面临的选择困境的具体描述。还包括“危机一旦发生，每一方都会被迫采取某种必要的行动来保护或促进己方的重要利益，与此同时，还要防止为此而采取的行动导致己方所不愿见到的危机升级，这就是危机管理面临的政策困境[②]”。这段论述提出了危机面临的“目的与政策困境”。这些论述都清晰地指明了当代国际危机的最大矛盾，即和平解决危机与最大程度维护自身利益的矛盾，这正是要素拓展理论研究的实践意义所在。

① 张沱生，史文. 对抗 · 博弈 · 合作——中美安全危机管理案例分析[M]. 北京：世界知识出版社，2007.

② 徐辉. 国际危机管理理论与案例解析[M]. 北京：国防大学出版社，2011.

第三章　要素拓展理论初探

第一节　要素划分原则

第二章明确了要素的内涵及其特征，接下来本章对要素进行深化研究，首先对其进行分类。“根据以往的学术文献，一系列认知性、结构性和程序性的关键变量对国家的危机管理行为具有重要影响。其主要包括：精英的认识和信念、国内政治与公众舆论、决策机制与程序、信息和情报接受与处理、国际环境及个人性格等特殊因素。”[①]与危机的内涵相同，危机的构成要素同样纷繁复杂。不同的研究角度会带来不同的划分方式。根据研究需要，本书从种类和层级两方面对要素进行划分。

一、要素的种类划分

如前所述，构成危机的要素从不同角度划分可以得出不同结论，例如冲突环境（包含长期冲突、非长期冲突、长期战争性冲突），强国介入（未介入、低水平介入、高水平介入），引发危机的价值（宗教、经济、政治、领土），体制差别（民主、非民主）等[②]。将博弈论相关概念与本书总结的要素所具有的三个特征相结合，本书的要素可分为六个类别：博弈方、争夺的利益（又称为博弈得失）、行动集、策略空间、信息和均衡[③]。博弈方围绕争夺的利益（得失）所展开的博弈行为构成了整个危机博弈过程，其示意如图3-1。

博弈方又叫局中人，是构成博弈的基本要素之一。危机中的博弈方包括国家、国际性组织等，其是进行博弈的主体。

---

① 张沱生、史文．对抗 · 博弈 · 合作——中美安全危机管理案例分析[M]．北京：世界知识出版社，2007

② 胡平．国际冲突分析与危机管理研究[M]．北京：军事谊文出版社，1993.

③ 李瀚．博弈论[M]．北京：中央编译出版社，2011.

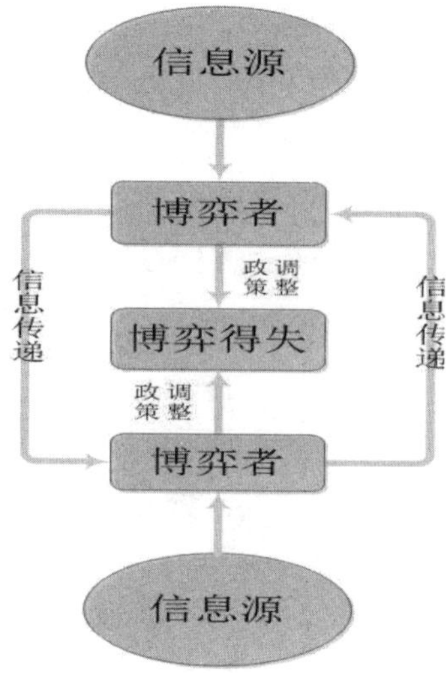

图3-1 危机的核心博弈过程

博弈的利益指博弈方争夺的对象，一场博弈的结果也就是利益争夺的结果。危机中的利益是指博弈方遭到威胁的价值，包括经济利益、政治利益、领土利益、安全利益、宗教利益等，其是博弈的客体。

行动集和策略空间放在一起进行介绍。行动集是博弈方可以采取的行动集合，策略空间指博弈方采取的行动方案。前者在危机中表现为博弈方的博弈手段，包括拖延、谈判、战争等；后者则体现为谈判者的综合决策。

信息指博弈过程中双方的信息状态。危机中博弈方的信息通常来自其自身的信息渠道，还包括对方向己方传递的信息。

均衡指博弈方在最佳策略情况下的策略集合。在危机中表现为两者的相互妥协与达成一致。一旦博弈达成均衡状态，则危机降级并趋于稳定。

以上各部分要素构成了博弈论体系下的危机系统。其中，博弈方为博弈的主体，利益为博弈的客体，在由平稳状态向危机状态转化的过程中，博弈方的相互关系发生了转变，由相对平稳的关系转变为相互博弈的竞争关系，符合要素所具有的三个特征。

上文明确了构成危机系统的各项要素的内容，下面将对其中的关键要素——利益、博弈方的类别进行研究。

（一）拓展利益的分类研究

如前所述，危机博弈中的利益可以按照其所处领域分为多个类别，包括政治利益、经济利益、安全利益、宗教利益等，下面对具有代表性的利益进行简要介绍。

1. 政治利益

政治利益指涉及政府间交往的各项利益。例如承认对方的合法地位，维护国家主权及领土完整等。总的来说，政治利益往往是国家的核心利益，一旦在危机中有所涉及，其往往会成为核心博弈方争夺的焦点之一。

2. 经济利益

国际危机中，经济利益涵盖的种类较多，例如能源问题、贸易问题、渔业资源问题，等等。经济利益对于综合国力相对较弱的国家有着巨大的吸引力。当核心博弈方有一方为小国时，经济领域的利益拓展往往能够发挥积极作用。

3. 安全利益

安全利益主要体现在军事演习、军事威慑等方面。当两个核心博弈方的军事实力有所差距时，实力较强的一方往往通过军事威慑等方式加重自己的筹码。通过对安全利益的拓展增加自身的优势。

4. 宗教利益

宗教利益是一种较为特殊的利益，主要体现在信仰的争夺等方面。关于这类利益的博弈常见于中东地区。伊斯兰教的什叶派和逊尼派主导的国家间爆发的国际危机往往和宗教利益有关。

（二）拓展博弈方的分类研究

拓展博弈方宏观来说可以分为国家和国际组织两大类，如果将其细化，则还可以依据国力强弱、规模大小、与危机的关联程度等继续进行分类。下面对具有代表性的拓展博弈方进行简要介绍。

1. 利益攸关国

这类国家的典型代表为核心博弈方的周边邻国，还包括关系密切的盟友国，源于同一民族或同一宗教的友好国家等（相关内容见本书第五章第三节）。国际危机的一大特征是有导致军事冲突的可能性，容易对某一地区的体系造成破坏。因此，该地区的其他国家则必然在经济、政治、安全等领域受到冲击。为了维护地区稳定和国家自身利益，这些利益与危机相关的国家往往会采取行动，对危机施加影响。特别是与核心博弈方信奉相同宗教或属于同一民族的利益攸关国，往往会有着较强的参与意愿，并在危机中有明显的立场倾向。利益攸关国并不一定国力十分强盛，但是由于地缘、宗教等因素，往往在危机中能够起到关键作用。例如海湾危机中，沙特阿拉伯的立场很大程度上决定了危机走势。同意美国进驻与不同意美国进驻，会带来截然不同的结果。沙特阿拉伯对两者的取舍决定了美国此后所采取的方案，从某种程度来说，决定了危机最终是战还是和。

2. 强国

强国又称强权，是指在国际地位、权力资源等方面拥有较大优势的国家[①]（相关内容见本书第五章第二节）。这里的权力资源可以通俗地理解为综合国力，包括军事、经济等“硬实力”，也包括文化、制度等“软实力”。强国具有强大的实力，故其在危机中的倾向容易导致博弈双方的相对实力发生变化。强国还往往具有较大的国际影响力，故容易导致更多的拓展博弈方介入危机进行干预。综合以上种种，可以得出简单结论，强国对危机有着重大影响。冷战时期的危机案例中，强国干预最为明显，美苏两大东西方霸主通过多种渠道进行相互较量，比拼实力，危机就是最佳途径之一。冷战之后，世界格局变为“一超多强”，以比拼实力为目的的相互较量日渐减少。但随着国际一体化程度加深，强国对危机的干预却与日俱增。伊朗核危机中，当俄罗斯、英国、法国、德国等强国倾向于伊朗时，危机形势较为和缓，并有降级趋势；当四国倾向转变，或中立或倾向美国时，危机变得十分紧张，并有升级趋势。强国这类拓展博弈方的影响力可见一斑。

3. 国际组织

除了以上在危机中有着较大影响力的两类拓展博弈方，还有一类博弈方也需要重点介绍，这就是国际组织。国际组织在危机中的作用或许不如前两者般明显，但由于其具有特殊性，同样不可忽视。国际组织通常通过政治施压、经济制裁等手段对危机施加影响。国际组织的权力基础来自其成员国的授权，并严格依照国际法及其章程实施。所以从某种程度上来说，国际组织的行为更加公平公正，不涉利益，仅为维护世界秩序。《联合国宪章》第七章规定，联合国及其会员国为维持国际和平之安全制止侵略，对犯有侵略等行为的国家进行干涉，是合法的，不属于干涉内政行为[②]。所以国际组织可说是唯一合法干涉危机的拓展博弈方。近年来，联合国、国际原子能机构等国际组织的身影越来越多地出现在危机之中，尽管由于美国等资本主义国家的霸权干涉，国际组织的公正性受到一定影响，但在未来的危机管理中，相信国际组织将会发挥更加重要的作用。

---

① 王思齐. 国家软实力的模式建构[D]. 杭州：浙江大学，2011.

② 王庆海,张蓝图. 国际法上的内政及不干涉内政原则新论[J]. 吉林大学社会科学学报，2001(17).

（三）拓展博弈方的性质划分

拓展博弈方的种类繁多，在危机中发挥的作用也有所区别。依据拓展博弈方的动机，对危机施加的影响及导致的结果，可将博弈方分为平衡型与失衡型、促战型与促和型、善意型与恶意型等。

1. 平衡型与失衡型

由于拓展博弈方对危机的参与程度、关联程度无法与核心博弈方相提并论，所以通常来说，国际危机中的博弈一般看作双方博弈。有些案例中，拓展博弈方不必视为新的独立的博弈单元，而是依据其倾向成为原有核心博弈方的补充力量。力量的补充带来了核心博弈方的力量变化，进而导致核心博弈方的实力对比发生改变。在要素拓展过程中，我们可以将拉近双方实力、减少力量落差的拓展博弈方称为平衡性拓展博弈方；而将那些拉大双方实力差距、增加力量落差的拓展博弈方称为失衡型拓展博弈方。

当前，有一个普遍共识，强国间很难爆发战争。因为强国的力量相对接近，无论是胜利者还是失败者，都会付出巨大代价，所以强国间在解决矛盾的时候往往保持理性与克制，危机鲜有出现升级成为战争的情况。以美国近年来的情况为例，1990年的海湾危机逐步升级，最终导致海湾战争；2001年的“9·11事件”导致阿富汗战争；2002年的伊拉克核查危机留下隐患，导致伊拉克战争。从国际角度来看，美国选择的对象都不能定义为强国。而作为反例的是，美国与苏联间发生的三次柏林危机、古巴导弹危机等危机中博弈双方尽管在某一阶段剑拔弩张，但最终都顺利降级，危机得到有效化解。从以上对比可以看出，当博弈双方实力均衡时，危机导致战争的可能性较小；当博弈双方实力差距较大时，危机导致战争的可能性也随之增大。

从以上的结论可以看出，通常情况下，平衡型博弈方具有缓解危机的作用，能够有效促使双方通过和谈解决争端。失衡型博弈方则对危机有害无益，导致强者愈强，弱者愈弱。强者的态度会变得越发强硬，很难妥协；弱者则可能获益太少，或者承受压力太大等原因，同样表现出坚决的态度。当双方以强硬应对强硬时，危机容易升级成为战争。

2. 促战型与促和型

由于立场、观念、现实需求的不同，拓展博弈方在参与过程中体现的倾向性也不同。我们可以将那些倾向和平，通过行动缓解危机，促进双方和谈的拓展博弈方称为促和型拓展博弈方；将那些倾向战争，促使双方爆发冲突的拓展博弈方称为促战型拓展博弈方。

世界越来越成为一个整体，任何形式的战争都会导致地区动荡不安。地区与国家的震荡会如水波一般向外扩散，影响更大范围的国家与地区。军人去打仗了，则反恐维稳的力量削弱了，难民逐渐增多，对本国与他国来说都是沉重的压力；国际运输线风险增加，则国际贸易受到影响，几个链条的断裂或许不会导致贸易活动停止，但也会大大影响效率。

通常来说，无论是为了维持区域稳定，还是避免世界格局出现较大变动，大部分拓展博弈方都会选择和平立场。

但是我们也应看到，有一些国家为了自身的利益或目的，在危机中反而试图促使战争爆发。有些国家是为了发军火财。战争不仅带来军人的牺牲和人民的苦难，还带来武器装备的大量损耗，消耗的装备需要补充，军火商们则迎来最大的商机。有些国家是为了打击敌对国。敌人的削弱是每个国家都希望看到的，这不仅是情感的需要，更是现实的需要。假使敌对国陷入危机之中，则其敌人自然希望危机升级，使其敌对国长期陷入泥潭。一旦危机中的国家由于战争而国力损耗严重，则其敌人会赢取更多的战略优势。除了以上两类具有普遍代表性的促战型拓展博弈方，还有些特殊的促战型拓展博弈方。例如海湾战争中的英国，其促战的目的是向美国示好，美国想要战争，那么英国就促使危机发展成为战争，以通过这种方式表明其对美国的支持。

这两类拓展博弈方目的相左，但出发点都是从自身角度出发。所以在引入拓展博弈方时，我们要对拓展博弈方的特性和目的有清晰认识，依据需求选择适当的博弈方进行拓展。

3. 善意型与恶意型

依据博弈方的不同性质，可将其分为善意型和恶意型两类。二者具体区别表现在主动与被动、无私与自私等方面。

善意型拓展博弈方通常是被动介入危机，也就是受到核心博弈一方或双方的邀请。其行事原则依循法理及一定的准则，目的是努力化解危机，促使其向和平方向发展。善意型拓展博弈方往往对于危机双方无所求，不谋自身利益，或者说仅有一个目标，那就是和平。这类拓展博弈方能够很好地起到缓冲作用，对于防止危机恶化，促进危机和平解决有着一定作用。

这类拓展博弈方的典型代表是中国。中国始终提倡和平外交，坚持和平共处五项原则，坚持独立自主，不与任何国家结盟，反对任何形式的霸权主义，反对侵略。中国在多项危机中都展现出善意型拓展博弈方的特质，并为其他国家所认同。

例如海湾危机中，中国外长出访中东就受到阿拉伯国家的欢迎，萨达姆特地在藏身之处与外长交流，希冀中国能够带来和平。又如第二次朝鲜核危机中，中国深刻认识核武器扩散所带来的危害，采取“例外主义”（exceptionalism）核政策[①]。所以当美苏争执不下的时候，双方达成一项共识，邀请中国介入危机，对双方进行调解。中国义不容辞，多次召开六国会议，给予危机善意的、积极的影响，对促进危机降级起到重要作用。

与善意型拓展博弈方相反，恶意型拓展博弈方往往是有目的地主动介入危机，多见于霸权主义国家。这类拓展博弈方的目的是以危机为契机，将自身意志强加于其他国家之上，以使自身获利。恶意型拓展博弈方的行事不一定依据国际法或国际准则，对于符合自身利益的就接受，对于不符合自身利益的就无视。有些恶意型拓展博弈方试图挑拨核心博弈双方矛盾激化，促使危机爆发成为战争，从而渔翁得利。有些恶意型拓展博弈方也会促进危机和平解决，但其提供的是“有偿服务”，也就是趁火打劫，借助危机获取更大的好处。

这种类别的拓展博弈方都是强国，因为只有强国才具有强制介入的实力；也只有强国才能够有效干预危机，影响危机走势，迫使陷入危机的国家不得不饮鸩止渴，在危机中遭受恶意型拓展博弈方的剥削。

二、要素的层级划分

本书结合研究需要，在对要素的种类进行划分之后，有必要从要素对危机的影响力强弱角度对其进行层级划分，即分为核心要素、重要要素及一般要素三层。核心要素是指对危机起决定性影响的要素，例如导致危机爆发的核心利益，危机中涉及的核心对抗国家，核心国家中的核心决策者等。重要要素则是指对危机过程有着重要影响力，但不具有决定性作用的要素，例如对危机进程有重要影响的利益因素，对核心国家有重要影响力的盟友国家，核心决策者身边的关键幕僚等。一般要素则是指参与危机过程，能起到一定作用与影响的要素，包含一般性的利益、危机中参与程度较弱的国家与博弈国内的部门官员等。博弈方及利益要素按照影响力划分情况如图3-2所示。

① Shirley Kan, Zachary Davis. China, [M]. In Mitchell Reiss and Robert S. Litwak ed, Nuclear Proliferation after the Cold War. Washington D. C.: Woodrow Wilson center press, 1994.

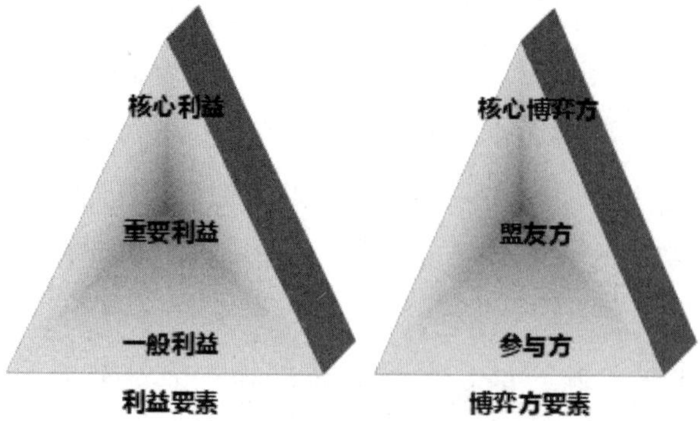

图3–2　博弈方和利益要素的层级划分

图3–2中有几个概念需要明确，避免产生误会和混淆：

本书中的核心利益是指对危机产生及发展过程有核心决定性的因素，其往往是危机爆发的诱因。例如钓鱼岛危机中的钓鱼岛主权归属、朝鲜核危机中朝鲜是否开发核武器等。这与通常所说的国家的核心利益有所区别。国家核心利益指国家利益结构中处于核心位置的部分，涉及国家的生存、独立和发展三个方面的利益需求[①]。例如中国的核心利益包括：国家主权，国家安全，领土完整，国家统一，宪法确立的国家政治制度和社会大局稳定，经济社会可持续发展的基本保障。由上述知，两者有着明显区别。前者以危机为主体，后者以国家为主体；前者仅在危机中具有核心地位，后者则是对国家的生存发展有着重要意义，是国家必须维护的利益。

核心博弈方是指由于核心利益出现矛盾，相互间产生冲突并直接进行博弈的国家和非国家行为体。需要注意的是，核心博弈方不仅包括国家，还包括非国家行为体，例如“9·11”事件中的基地组织等。这类要素是危机中对抗的主体，一旦有一方放弃对核心利益的争夺，或者双方或多方之间达成一致，则危机由爆发状态趋于平缓。

盟友方是处于重要地位的博弈方的统称，同样不仅包含国家，还包含在危机中具有重要影响力的非国家行为体。盟友方同核心博弈方的一方或双方有着十分密切的关系，在危机中通常可将其看作核心博弈方的延伸。例如在朝鲜核危机中，韩国作为美国的盟国就在危机中发挥了一定的作用。如字面所述，盟友方主要以结盟国家为主，北约和华约的成员国之间都可以看作盟友方。例如海湾危机中，美国的盟友方就包括日本、英国等多个国家。

① 王公龙. 国家核心利益及其界定[J]. 上海行政学院学报，2011（11）.

第二节　要素的相互关系

前文中将危机博弈的要素分为博弈方、行动集、争夺的资源或利益（得失）、策略空间、信息、均衡六类，下面对其相互间关系进行研究。

博弈方与利益是危机博弈中的主体与客体，其关系较为明确。信息则是博弈中的限制条件，依据这一要素可将博弈分为完全信息博弈和非完全信息博弈，并分别对应纳什均衡（Nash equilibrium）、子博弈精炼纳什均衡（subgame-perfect Nash equilibrium）、贝叶斯纳什均衡（Bayesian Nash equilibrium）和精炼贝叶斯均衡（perfect Bayesian equilibrium）四个均衡结果。其相互关系在相关著作中有着详细论述[①]。为了方便进行研究，本书将博弈双方置于信息对称的条件之下。均衡要素为博弈的最佳策略集合，其与博弈方要素、利益要素的关系会在后文中重点进行讨论。本节重点研究行动集、策略空间与博弈方、博弈的利益间的相互关系。

首先研究利益要素与行动集、策略空间的相互关系，我们采用田忌赛马的例子进行分析。利益要素包括第1局至第3局的博弈结果（胜利即为获利）。每种马包含两个行为（使用或不使用），则其行动集包含6种行为（使用上等马或不使用，使用中等马或不使用，使用下等马或不使用），其策略空间可以看作马出场的顺序，运用阶乘可知为3！，也就是6种组合（上中下、上下中、中上下、中下上、下中上、下上中）。接下来对利益要素进行拓展，将比赛的局数由3局变为4局，为了应对局数变化，增加1匹特等马。那么，变化后的行动集包含8种行为（使用特等马或不使用，使用上等马或不使用，使用中等马或不使用，使用下等马或不使用），其策略空间为4！，即24种组合。由以上例子可以看出，行动集与策略空间这两个要素同利益要素具有正相关性，即随着利益要素的增加，行动集与策略空间相应扩大，反之亦然[②]。策略空间与利益（得失）间关系示意如图3-3。

接下来讨论博弈方同策略空间、行动集的关系。研究之前，我们应当明确，运用博弈论处理国际危机的时候，通常意义下可视为双人博弈。因为“当一个博弈中有多个参与者的时候，很自然会出现两个或者多个参与者联合起来对付其他的参与

① [美]罗伯特·吉本斯．博弈论基础[M]．高峰，译．北京：中国社会科学出版社，1999.

② 由于现实中的国家间博弈十分复杂，故不具有固定参数m、n满足公式X=mY，Z=nY，其中X为行为集，Z为博弈空间，Y为博弈的利益，m、n为特定系数。

者的现象，而其他参与者为了确保其生存和收益最大化，也会采取类似的行动。如果出现两个联合，并迫使所有参与者必须加入其中一个联合，那么这个博弈实际上就变成了一个两人博弈了[①]。”

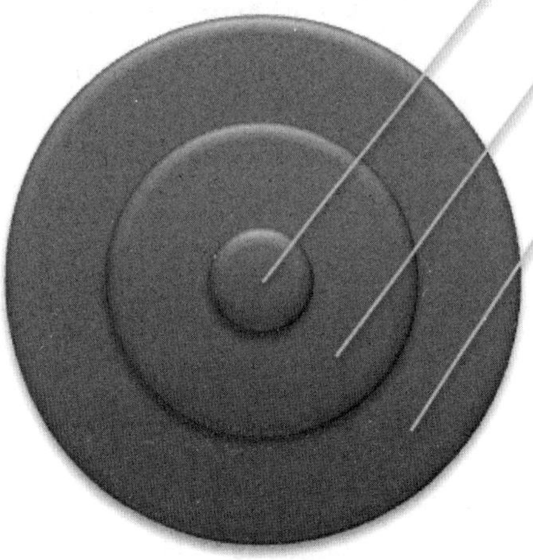

图3-3　策略空间与利益（得失）的关系

这里，我们依然借用田忌赛马的例子进行讨论。田忌和齐王各有上、中、下3匹马。案例中有一拓展博弈方介入，即假设多出1人也要参与比赛。此人有1匹特等马，并且选择帮助其中一方[②]，则行动集同样扩大为8，策略空间也同样扩展为24。通过分析证明，策略空间与行动集同博弈方同样具有正相关的关系。

综上所述，策略空间与行动集同博弈的利益、博弈方具有正相关的关系，前两者随着后两者的增加而扩大，随着后两者的减少而缩小。“危机要素分析的最终目的是使分析的因素尽可能地减少；理想的情况是抓住一、两个核心要素。”[③]结合本节分析，可以看出，对利益、博弈方的拓展是增加博弈中策略空间与行动集的有效方法，在危机中则表现为丰富决策者的决策选择，故本书选择此二者作为博弈要素的代表，并着重进行研究。

---

① [美]詹姆斯 · 多尔蒂，小罗伯特 · 普法尔茨格拉夫 . 争论中的国家关系理论[M]. 阎学通，陈寒溪等译 . 北京：世界知识出版社，2003.

② 多人博弈向双人博弈的转化规律。

③ 许曼舒 . 国际危机预警[M]. 北京：时事出版社，2008.

第三节　要素的特点

由要素间相互联系可知，研究应当针对博弈方和利益两个要素展开。本节主要探讨上述两个要素在国际危机中的特点。通过研究发现，博弈方和利益在国际危机中表现出了明显的共同特征，具体包括以下三点。

一、涵盖范围由小及大

在国际危机事件中，上述两种要素的涵盖范围按照由核心到一般的顺序呈现出由小及大的特征。

从博弈方角度而言，核心博弈方涵盖的范围最小，往往仅包括危机对抗的双方，就算在涉及多个博弈方的危机中，核心博弈方往往也仅有两个。例如古巴导弹危机中，涉及的博弈方包括苏联、古巴和美国。然而，身为共产主义国家，古巴视苏联为老大哥和保护伞，所以在危机中其可以视为苏联阵营的延伸。因而，美苏两个国家往往被视为此次危机的核心博弈方。朝鲜核危机中，危机初期的矛盾主要产生于联合国原子能组织和朝鲜之间，双方就是否允许原子能机构对朝鲜进行核查这一问题产生了争端。然而，美国处于国际霸主地位，同时得到北约国家的支持，所以原子能机构在很大程度上依照美国的吩咐行事，同样可以视为美国的延伸。因此，朝鲜核危机的核心博弈方仍两个，即朝鲜与美国。处于第二层级的重要博弈方的数量较核心博弈方多，少则一两个，多至三五个不等。重要博弈方主要包含两个种类：一类是同盟国。例如海湾危机中，在美国号召下，英、德、法等西方国家共同加入了美国阵营，对另一博弈方伊拉克施加压力；另一类是指参与程度较高的强国，有时还包括参与程度较高的邻国。这类博弈方对危机具有较大的影响力，并且往往同其中一方核心博弈方关系密切。第二次朝鲜核危机中的中国是此类博弈方的代表。其影响力相对一般博弈方而言较大，可视为重要博弈方。一般博弈方的数量最为庞大，概因国际危机往往具有国际影响力，对某个特定地区乃至世界局势都有所影响，所以危机往往受到世界关注，许多国家都会通过媒体支持、联合国表决等方式对危机施加一定的影响，同时立场并不固定，数量也是最为庞大。

利益要素同样展现出涵盖范围由小及大的特征。大部分的核心利益具有唯一性，主要指导致危机产生的某一个或一类特定利益。例如核危机中的核武研发问题，领土、领海争端中的主权归属问题，意外危机事件中的道歉赔偿、明确责任等。重要利益的范围稍大，一般包括一到两个领域。其与一般利益的区别主要体现在对危机当事国的影响力方面。尽管这类要素与导致危机爆发的事件的关联不如核心要素般巨大，但对核心博弈方的影响力却十分巨大，有些单从对国家的重要程度考虑可以和核心要素相媲美。例如第一次朝核危机中，核武器的开发对朝鲜的国家安全有着巨大意义，是核心要素。但轻水反应堆的建立、核能的有效利用对朝鲜的国家与经济发展同样有着巨大意义。轻水反应堆援建虽是重要利益，但其重要性可与核心利益相媲美。一般利益的范围最大，往往包括多个领域。只要是与危机具有一定的关联性的利益要素都可以划归为此类，并且对影响力不作要求。正是因为对一般利益的限定条件较为宽松，所以其数量最多、范围最广。

二、决定性由强及弱

博弈方和利益的第二个共同特征是：按照由核心到一般的顺序，要素的决定性由强转弱。从核心博弈方以及核心利益的定义不难看出，两者分别为危机博弈的主体及客体。危机的产生来源于主体间的相互矛盾，而利益这一客体则是矛盾的来源，所以这两个要素在危机中具有最大程度的决定权，即一旦核心博弈方之间的矛盾化解，或者核心利益恢复危机爆发前的正常稳定状态，则危机迎刃而解，从危机爆发期进入危机恢复期。

重要博弈方的决定性主要体现在其对核心博弈方的影响力方面。如前所述，重要博弈方包括核心博弈方的同盟国以及对核心博弈方有着较大影响力的强国等，其能够在一定程度上改变核心博弈方的决策与应对倾向。一旦重要博弈方为其中一方加重筹码，使得危机失衡，则较容易导致危机升级，从而爆发为局部战争。而一旦重要博弈方居中调解，或者劝说核心博弈方平息危机，则有利于促进危机降级进而解决危机。重要利益同样通过对核心博弈方施加影响的方式来影响危机发展。重要利益通常能够发挥积极作用，因为核心博弈方双方或至少一方对重要利益十分重视，如果能够争取赢得重要利益，则能在很大程度上弥补核心层面的损失。所以重要利益的出现往往能够缓解核心博弈双方剑拔弩张的冲突局势，并且在一定程度上促进危机的和平解决。

一般性要素的决定性较弱，往往仅参与危机过程，其单一个体对核心博弈方很难产生影响。然而，由于一般性要素的数量最为庞大，一旦多个一般性要素施加统一的影响，量变导致质变，同样能够对危机进程产生影响。

三、融合性（促融合性）由弱及强

本特性为博弈要素最重要的一个特性，同时也是要素拓展理论的立足点。这一特性的内容是：在要素从核心向一般的拓展过程中，其融合性（促融合性）体现出由弱及强的明显特征。这一特性就博弈方而言体现为相互融合的能力，而从利益角度而言，则体现为促进博弈方融合的能力。危机的判定要素中包括一条“很快会导致敌对性军事行动的爆发，或者使现已存在的敌对行动急剧升级[①]”。由此可见，在危机爆发之时，核心博弈方往往存在着采取军事行动的潜在冲动，同时兼有在博弈中获得较大好处的明确目的。在这种情况下，双方的融合性较弱。所以，在危机爆发初期，核心博弈方会表现出接近零和的态势，融合性最弱。博弈的核心利益是危机爆发的导火索，同时也是双方力争的关键利益，双方很难就其达成一致，所以核心利益几乎不具有促进融合的特性。重要要素由于同危机的关联性较核心要素为弱，其融合性有所增强。但从另一方面看，重要要素的融合性或促融合性又比不上一般要素。重要博弈方往往处于盟友地位，或者在危机中有着鲜明立场，所以其相互融合的可能性较一般要素为弱，例如朝鲜核危机中的韩国，它与朝鲜的融合性弱于一般博弈方。重要利益并非矛盾中心，但仍为双方或一方国家重视的重要利益，所以任何一方也难以轻易放弃，故促融合性也较一般要素为弱。

一般要素的融合性（促融合性）最强。一般博弈方往往没有固定立场，对危机持观望或者有限参与的态度，相互间很少有激烈矛盾，所以融合性最强。一般利益同样如此，一般利益的影响力较弱，所以其受重视程度较前两层级为轻。如果放弃一般利益能够对危机的解决或核心、重要利益的争夺有所利好，则核心博弈方都愿意就其做出让步。由上可知，关于一般利益的归属，双方最容易达成一致意见，一般利益也就具备了较强的促融合性。

总的来说，依照核心—重要——一般的顺序，博弈要素呈现出涵盖范围由小及大、决定性由强及弱、融合性（促融合性）由弱及强三种特性，假设危机涉及的博弈双方阵营为G1和G2，其要素特征如图3-4所示。

① Charles F. Hermann. “*Enhancing Crisis Stability: Correcting the Trend Toward Increasing Instability*” [M]. in Gibert R. Winham ed, New Issues in International Crisis Management, Boulder and London: Westview Press, 1988.

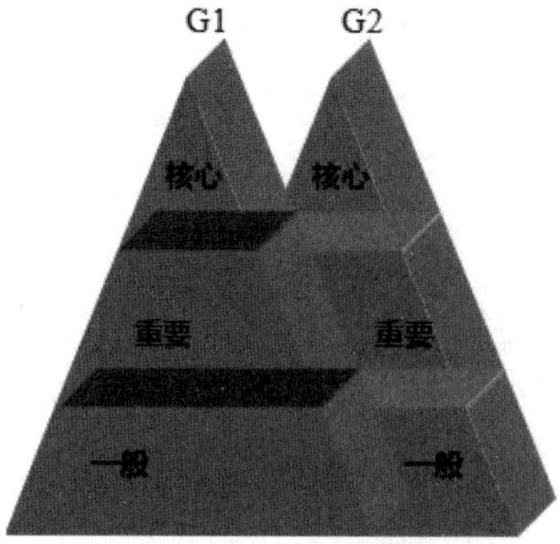

图 3-4 要素的特征

图3-4中，图形的体积代表要素涵盖的范围，相互交叉部分的面积代表要素间融合程度，位置越接近顶端，则要素的决定性越强。

第四节 要素拓展理论论证分析

要素拓展理论，就是利用重要要素和一般要素具有较强融合性（促融合性）的特点，通过要素逐级拓展的方式实现危机降级。从结构角度讲，就是通过对构成危机的博弈方与利益要素的逐级拓展，由一般要素的融合带动重要要素的融合，进而带动核心要素融合，从而有效化解危机。从博弈角度讲，就是通过引进重要层级和一般层级的变量，加大博弈的均衡解的个数，从而加大危机和平解决的可能性。下面从两方面对这一理论进行研究分析。

一、要素拓展的结构分析

如前所述，从结构角度讲，要素拓展注重的是加大博弈双方的融合性，通过一般层级的较为容易的融合带动重要层级的融合，并最终带动核心层级的融合，从而和平解决危机。其结构如图3-5所示。图3-5中，A、B为两个核心博弈方，而相应的重要博弈方和一般博弈方指立场与某一方相近，或者对某一方能够施加影响的博弈方拓展要素。重要博弈方、一般博弈方之间的矛盾较弱，具有较强的融合性，所以其相互间的沟通与融合较为容易。在相互融合的基础上，重要博弈方、一般博弈方能够通过外交等手段对核心博弈方进行劝说，施加有利影响，从而对核心博弈方的融合起到促进作用。重要利益和一般利益为利益要素的拓展，在引入这两种利益后，核心博弈方同样会就此两种利益进行博弈，其具有的较强的促融合性，使核心博弈方能够较为容易地在这两类利益上达成一致，进而增强两者的互信与合作，为核心利益博弈提供良好的基础与较为和平的协商环境。

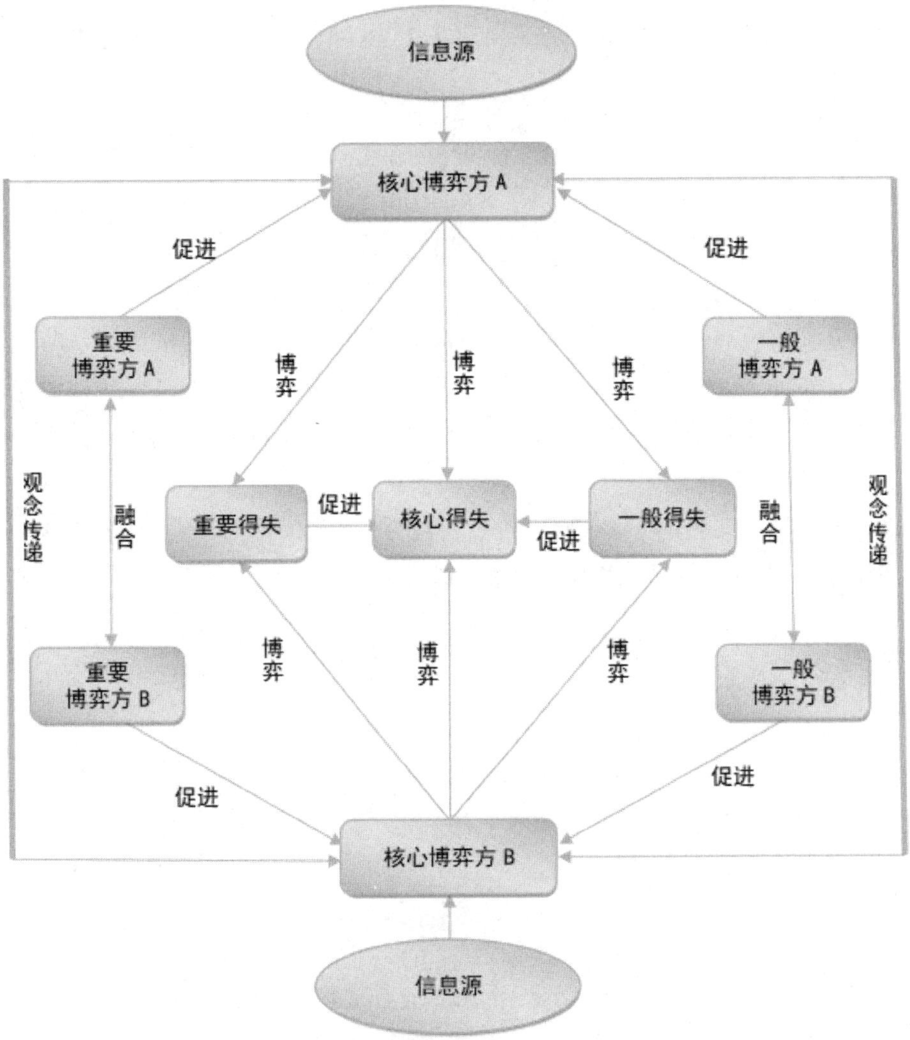

图3-5 要素拓展后的危机博弈过程

二、要素拓展的定量分析

在采用结构性方法对要素拓展理论进行分析之后，还要通过定量的方法对该理论进行描述，这里主要采用博弈论常用的赋值方法。

假设博弈双方为A、B两国，其中核心利益的值为50，重要利益为25，当仅涉及核心利益博弈时，可能出现的情况见表3-1。

表3-1 核心博弈的赋值研究

参与者	A国强调核心利益	A国放弃核心利益
B国强调核心利益	A 0　　B 0	A 0　　B 50
B国放弃核心利益	A 50　　B 0	A 0　　B 0

根据纳什均衡的最简单推导方法对表3-1进行推导，将表3-1转化成矩阵，见表3-2。

表3-2 核心博弈的研究矩阵

	左	右
上	0　　0	0　　50
下	50　　0	0　　0

当A选择战略左时，下为最优战略，收益为50；当A选择战略右时，没有最优战略，因为收益都为0。当B选择战略上时，右为最优战略，收益为50；当B选择战略下时，没有最优战略，收益都为0。没有任何一个战略集满足纳什均衡的条件，无法实现均衡。

设A国强调核心利益为A，放弃核心利益为a。设B国强调核心利益为B，放弃核心利益为b。则表3-2转化为散点图如3-6所示。

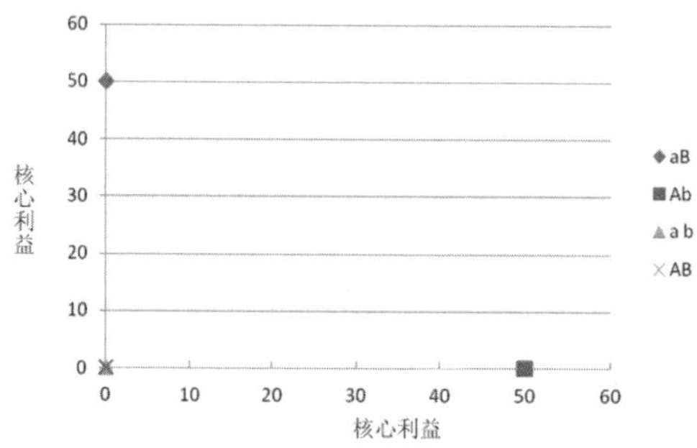

图3-6 核心博弈的散点图

由图3-6可以清晰看出，双方收益皆为正值的区域为空，代表着这种情况下没有均衡解。当危机的博弈范围拓展至重要利益时，可能出现的情况见表3-3。

表3-3 要素拓展后的博弈赋值研究

参与者	A国强调核心收益，强调重要收益	A国强调核心收益，放弃重要收益	A国放弃核心收益，强调重要收益	A国放弃核心收益，放弃重要收益
B国强调核心收益，强调重要收益	A 0　　B 0	A 0　　B 25	A 0　　B 50	A 0　　B 75

参与者	A国强调核心收益，强调重要收益	A国强调核心收益，放弃重要收益	A国放弃核心收益，强调重要收益	A国放弃核心收益，放弃重要收益
B国强调核心收益，放弃重要收益	A 25 B 0	A 0 B 0	A 25 B 50	A 0 B 50
B国放弃核心收益，强调重要收益	A 50 B 0	A 50 B 25	A 0 B 0	A 0 B 25
B国放弃核心收益，放弃重要收益	A 75 B 0	A 50 B 0	A 25 B 0	A 0 B 0

将表3-3转化为矩阵进行推导，见表3-4。

表3-4 要素拓展后的研究矩阵

	一	二	三	四
Ⅰ	0 0	0 25	0 50	0 75
Ⅱ	25 0	0 0	25 50	0 50
Ⅲ	50 0	50 25	0 0	0 25
Ⅳ	75 0	50 0	25 0	0 0

通过同样的方式对上述矩阵进行推导，得出两个均衡解，即二Ⅲ（50 25）和三Ⅱ（25 50）。

设A国强调核心利益为A_1，放弃核心利益为a_1，强调重要利益为A_2，放弃重要利益为a_2。设B国强调核心利益为B_1，放弃核心利益为b_1，强调重要利益为B_2，放弃重要利益为b_2，则转化为散点图如图3-7所示。

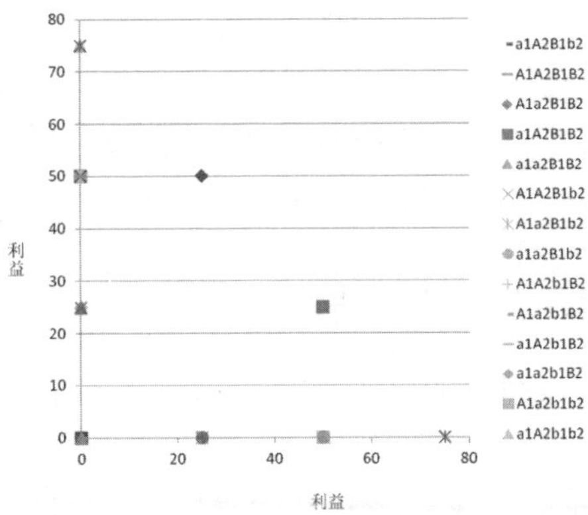

图3-7 要素拓展后的散点图

如图3-7所示，有两个点位于正区域，也就是表3-4博弈中的两个均衡解。通过以上研究，我们不难发现，随着要素的向下拓展，达成均衡的策略集随之增多，这就从博弈论角度证明了要素拓展对于危机降级的积极作用。

第五节 要素运用方式

明确了要素拓展在危机管理中的重要价值，接下来讨论如何运用要素。

总的来说，要素的运用方式可以分为分解和拓展两类。分解是指将难于达成一致的利益要素进行分割，从而降低该要素的零和性。拓展就是按照一定的原则，由核心要素向一般要素不断扩大延伸的过程。如何进行拓展，从哪些层面进行拓展是信息、国际局势与体系、决策者与决策机构认知等因素综合作用的结果。通过对以往危机案例的分析，本书将利益要素的运用方式划分为内部分解与外部拓展两类，博弈方的运用方式则分为强化型拓展与缓冲型拓展两类。

一、内部分解与外部拓展

“国家包含意识形态、政治、军事、地缘（领土）、经济、文化、社会等多重领域，国家在每个领域层面上对外与其他国家发生关系。”[①]由以上表述可以看出，国家的利益涵盖各种领域，对其拓展也有着多个方向。依据拓展的范围和方向，利益要素的拓展方式可划分为内部分解（相关内容见本书第四章第二节）与外部拓展（相关内容见本书第四章第三节）两种。

内部分解是在核心要素本领域内对利益进行拓展。这类拓展方式的优点在于将难于达成一致的利益整体分割为若干局部，以实现增加利益的种类，进而降低对抗性的目的。

外部拓展与之相反，其是在核心要素所处领域之外的其他领域进行拓展的方式。这类拓展方式的特点在于不仅增加了利益要素的种类，也增加了其总量，符合经济学原理中分蛋糕理论的要求。即在进行分配之前先将蛋糕做大，以降低分配的难度。例如在黄岩岛危机中，中菲双方就主权归属问题难以达成一致，中国通过限制贸易进出口这一经济手段，将利益要素由领土领域拓展至经济领域，最终和平地解决了危机。

二、强化型拓展与缓冲型拓展

与利益不同，博弈方要素的拓展方式按照对核心博弈方施加的影响情况进行划分，可分为强化型拓展与缓冲型拓展（相关内容见本书第五章第一节）。

博弈方由国家或国际组织等政治体构成，具有不同的利益诉求和倾向，这就决定了博弈方在危机过程中起到的作用更为复杂。有些博弈方的拓展相当于在某一方核心博弈方的基础上进行的力量延伸，本书将这类拓展方式称为强化型拓展。

① 郭伟华. 危机的逻辑[M]. 北京：新华出版社，2013.

强化型拓展的突出特点是拓展出的博弈方具有鲜明的立场倾向，对危机而言具有两面性。一方面，拓展的博弈方为其倾向的核心博弈方提供了更多的策略选择，等同于形成了临时的联合阵营，这个阵营作为一个整体同另一个核心博弈方进行博弈，等于扩大了策略集合与博弈空间的范围，增大了谈判的空间。例如第一次朝鲜核危机中，韩国是美国阵营的拓展博弈方，韩国的加入使博弈增加了朝韩双边关系等博弈内容，增大了博弈空间的范围。另一方面，强化型拓展博弈方也有一定的消极作用。强化型拓展博弈方的加入使得核心博弈双方的力量态势发生改变，在力量呈现出较大差异的时候，危机往往会由谈判桌走向战场。对于力量强大的一方来说，力量的进一步扩大使其产生了不愿意让出任何利益的想法，以至于加大了妥协的难度。对于力量较弱的一方来说，对方的力量扩大使得自身感受到强烈的威胁感，随着威胁感的增强，决策者易于做出不理智的激进行为，从而导致危机转变为战争。海湾危机中，英、法、德等国家统一站在美国立场。在国际舆论的大力支持下，美方拒绝和萨达姆进行任何形式的谈判，放弃了和平解决危机的机会，导致危机走向了战争。

缓冲型博弈的特点是拓展出的博弈方具有缓冲作用。这种拓展博弈方往往对核心博弈方有着较大的影响力或与其有着较强的关联性。通过对这类博弈方的拓展，可以有效地增加核心博弈方之间的沟通渠道，缓解危机的恶化。例如第二次朝鲜核危机中，中国就扮演了缓冲型博弈方的角色。从三方会谈到六方会谈，中国通过斡旋的方式有力地引导危机从战争边缘走向谈判桌，通过对话的方式避免了大规模冲突的发生。

第六节 要素拓展理论的适用范围和使用条件

一、要素拓展理论的适用范围

任何一种理论都有其适用的范围，要素拓展理论同样如此。本书第二章中介绍了危机的分类情况，本小节则研究要素拓展理论适用的危机类别。

（一）适用于短暂性危机和持续性危机

在管理短暂性危机或持续性危机时，要素拓展理论的侧重有所区别，但都可以发挥一定的作用，所以危机的持续长度对于要素拓展的应用不构成约束。

短暂性危机往往具有冲突性较弱的特征，多具有偶发性。其核心要素并非处于零和状态，具有讨价还价的余地。例如中美南海撞机事件，中美两国迅速就如何赔偿与道歉等展开谈判，并在较短的时间内达成了和解。一方面，这类危机对抗性较弱，不需要通过重要要素、一般要素融合进而促进核心融合的方式化解危机，所以不太需要扩大博弈空间；另一方面，危机具有较强的不稳定性，小的矛盾一旦处理不当容易迅速恶化，导致大的灾难。所以在危机初期控制危机规模，防止矛盾升级就成为重中之重。以上两点决定了在应对短暂性危机时，要素拓展应向正和性质要素方向进行。充分发挥正和要素具有的缓冲带作用，在危机爆发初期控制危机规模，从而避免影响扩大，导致决策者陷入两难境地。

持续性危机具有解决周期长、冲突性较强的特征，往往源自于危机双方的长期敌意。近年来持续不断的影响较大的危机都属此类，例如两次朝核危机、伊核危机、钓鱼岛危机等。一方面，危机持续时间较长，双方敌对意向长期存在，所以正和要素对敌对意向的化解作用有所削弱；另一方面，危机双方冲突性较强，核心要素几乎处于零和状态，所以需要更为广阔的非零和博弈空间，需要更多促进危机和解的方式。以上两点决定了拓展应向具有融合性的非零和要素方向进行，通过较低层级的要素间融合促进核心要素的融合，进而解决危机。

（二）适用于现实危机

要素拓展理论发挥作用的前提条件是对危机中核心要素的准确把握，这就决定了此理论仅适用于现实危机，而无法解决潜在危机。

潜在危机指处于潜伏状态仍在酝酿之中的危机。一般指某一领域的管理漏洞或者指双边或地区性的长期敌意。消弭潜伏的危机取决于各个领域的努力，依托于外交工作开展，在危机处于潜伏状态时，要素拓展仅能起到防患于未然的防护作用。唯有当危机的特征表露，危机爆发成为现实危机时，有关核心要素的信息收集与判断工作才能同步开展，要素拓展理论才能得到有效实施。

（三）适用于战争边缘危机和无战争威胁危机

要素拓展理论得以发挥作用的一个条件是核心博弈双方有着相同的诉求，即在避免战争的前提下争取最大利益。战争前沿危机中，博弈方存在刻意将危机引导并转化为战争的目的，其并不寻求和平解决危机，也不会接受任何形式的妥协。例如海湾危机中，小布什政府拒绝了所有来自伊拉克的谈判申请，勒令其无条件退出科威特，最终导致了海湾战争的爆发。在一方或双方求战的情况下，要素拓展理论能够发挥的作用较弱。

基于上述理由，通常来说，要素拓展理论不适用于战争前沿危机，而适用于战争边缘危机和无战争威胁危机，其发挥作用的方式分别同持续性危机和短暂性危机相似。在战争边缘危机中主要发挥通过较低层级的要素融合促进核心层级融合的作用，在无战争威胁危机中发挥第一时间控制危机规模的作用。

二、要素拓展理论的使用条件

在前文探讨的基础上，我们可以看出要素拓展理论并非适用于所有危机，也并非适用于所有情况，想要发挥要素拓展理论的作用，必须满足以下三个前提条件。

（一）寻求和平解决

要素拓展的目的在于使博弈双方达成均衡，避免危机转化为军事冲突，保证危机和平解决。由上可知，要素拓展理论应用的首要条件是双方都有寻求和平解决的意愿，都希望通过谈判的方式解决冲突。例如伊朗核危机中，伊朗对美国的强大深有顾虑，所以其并不希望开战，担心国家将会承受毁灭性的打击。再看美国，尽管其军事实力占优，但出于对中东局势的综合考虑，美国同样希望和平妥善地处理这次危机①。双方都不希望危机发展成为战争，在这种情况下，要素拓展理论就有了用武之地。通过拓展博弈方的介入及影响，美伊双方保持了克制，最终避免了战火的爆发。

（二）信息沟通良好

要素拓展理论针对双方的相互博弈行为展开研究，这就要求双方有着良好的沟通渠道，能够及时接收并正确领会对方意图，进而对拓展的要素进行选择。所以，信息沟通良好是要素拓展理论得以应用的必备条件。例如朝鲜危机中，美国和中国彼此间忌惮很深，绝不愿意同对方发生任何军事冲突，但中美缺乏沟通渠道，仅通过印度传话来交换意见，最终导致了朝鲜战争的爆发。尽管双方都有和平解决的意愿，但交流的不通畅以及对信息的误判导致了战争的爆发。

（三）实施理性决策

要素拓展理论采用的研究方式来自博弈论，而博弈论研究的前提是假设博弈双方都是理性决策者，在博弈过程中都能根据对方的选择，做出最有利于自身或整体利益的理性决策，双方的理性应变共同构成了动态博弈的整个过程。所以理性决策

① 军事科学院国防政策研究中心 . 战略评估 · 2012[M]. 北京：军事科学出版社，2014.

是要素拓展理论必不可少的应用条件。古巴导弹危机中，美苏两大巨头相互对峙，险些酿成第三次世界大战。但是在危机管理过程中，双方都保持了克制和理智。美国选择了海上封锁而非直接出兵古巴，苏联最终选择撤走古巴境内的导弹。正是这种相互克制使得危机没有酿成灾祸，这一案例也被后来的研究学者奉为危机管理研究的经典案例。

第七节　要素拓展原则

明确了要素拓展的方式，接下来探讨要素拓展过程中应该注意的几个原则：

一、避免核心要素误判

要素拓展理论注重从核心到一般的拓展过程，并通过底层要素的融合促进顶层要素的融合，这就决定了要素拓展的第一原则是避免核心要素误判。

核心要素是危机能否化解的核心，对其误读将导致工作重心的偏离。要素拓展的目的是缓解核心要素的矛盾，一旦核心要素没有抓准，则拓展的方向也会偏离正轨，导致博弈方对整个危机过程失去控制。

朝鲜战争是误判导致战争的典型案例。1950 年 9 月 30 日，中国总理周恩来公开警告说："中国人民绝不能容忍外国的侵略，也决不能听任帝国主义者对自己的邻人肆行侵略而置之不理。" 10月 1 日，"联合国军" 越过三八线。次日，周恩来宣称："韩国人没关系，但美国入侵朝鲜将遇到中国的抵抗。"① 美国没有认真地对待北京这一系列公开警告，因为美国对中国的核心诉求产生了误判。美方认为，中国仅仅是想要通过这种方式来获取较大的政治地位和经济利益，却忽略了中国的核心诉求在于国家安全。朝鲜作为中国的邻国，是中国的天然屏障，一旦其失陷，则中国的安全也就岌岌可危。因此，中国决不能放任侵略者肆意侵占朝鲜。美国轻视了中国的决心，在核心利益上产生了误判。

在本次案例中，不仅对核心利益，美国对核心博弈方同样产生了误判。美国决

① 张沱生，史文. 对抗 · 博弈 · 合作：中美安全危机管理案例分析[M]. 北京：世界知识出版社，2003.

策者认为，北京的政策是由莫斯科决定的，而苏联为了避免引起大战，不会鼓励中国介入战争。美国错误地将核心对手确定为苏联，将中国视为苏联的延伸，这个误判同样致命。正是由于这两个误判，使美国错过了同中国和平解决矛盾的机会，最终自吞朝鲜战争苦果。

二、注重不对称要素拓展

要素在拓展过程中还应当注重不对称要素的拓展（相关内容见本书第四章第一节）。不对称要素主要是针对利益要素而言，指在博弈双方认知中处于不同层级的同一要素。例如第一次朝鲜核危机中，轻水反应堆的建立就是一个不对称要素。对于能源问题亟待解决的朝鲜来说，这一利益要素十分重要，处于重要层级；而对科技与经济高度发达的美国来说，这一利益要素影响较弱，处于一般层级。本案例中，轻水反应堆援建在一个核心博弈方（朝鲜）的认知中处于重要层级，而在另一方（美国）的认知中处于一般层级，影响力程度相差较大。对于这类利益要素，本书将其称为不对称要素。

如前所述，利益要素的拓展往往能够起到缓解危机、促进博弈双方和解的作用。相较对称要素而言，不对称要素在这方面所起到的作用更为明显。这里可以用赋值的方法简单进行讨论。

同样假设核心博弈方为A、B两国，核心利益的价值为50，拓展的重要利益为不对称要素，对A来说，价值为30，对B来说，价值为20，则将表3-3变化为表3-5。

表3-5　不对称要素拓展后的博弈赋值研究

参与者	A国强调核心利益，强调重要利益	A国强调核心利益，放弃重要利益	A国放弃核心利益，强调重要利益	A国放弃核心利益，放弃重要利益
B国强调核心利益，强调重要利益	A 0　B 0	A 0　B 20	A 0　B 50	A 0　B 70
B国强调核心利益，放弃重要利益	A 30　B 0	A 0　B 0	A 30　B 50	A 0　B 50
B国放弃核心利益，强调重要利益	A 50　B 0	A 50　B 20	A 0　B 0	A 0　B 20
B国放弃核心利益，放弃重要利益	A 80　B 0	A 50　B 0	A 30　B 0	A 0　B 0

将表3-5转化为矩阵，见表3-6。

表3-6 不对称要素拓展后的研究矩阵

	一		二		三		四	
Ⅰ	0	0	0	20	0	50	0	70
Ⅱ	35	0	0	0	30	50	0	50
Ⅲ	50	0	50	20	0	0	0	20
Ⅳ	80	0	50	0	30	0	0	0

由表3-6可以看出，尽管均衡解的结果仍为两个，但解Ⅱ三（50 20）的情况中，两者收益更加接近，也就代表着双方更有可能达成和解。所以，引入不对称要素对危机降级能够起到积极的促进作用。不对称要素的作用很大，需要深入挖掘。寻找不对称要素的关键在于有翔实的资料，能够对国际局势和对方的价值观、安全观进行准确的判断。

三、首先考虑单一领域内拓展

在进行要素拓展的时候，应当首先考虑内部分解的可能性，之后再考虑向其他领域拓展。因为国家内部往往并非铁板一块，有时会出现相互掣肘、推诿的情况。拓展涉及的领域越多，则参与管理、影响决策的组织与机构越多。机构的增多往往造成简单情况的复杂化，并且其相互间矛盾容易带来负面影响。所以，在拓展的时候，应首先考虑在单一领域内进行拓展。

四、注重发挥正和要素作用

博弈可以分为零和博弈和非零和博弈，其中非零和博弈包括正和博弈。它是指博弈双方的利益都有所增加，或者至少是一方的利益增加，而另一方的利益不受损害的情况[①]。本书将能够促成正和博弈，使博弈双方形成合作的要素称为正和要素。正和要素具有缓解矛盾，拉近双方距离的功用，堪称体系润滑剂。注重发挥正和要素的作用，可以有效防止局势恶化，促成和谈。

第八节　要素拓展理论的优缺点

任何理论都有其优点与缺点，运用理论时需要考虑扬长避短，从而在合适的条件下运用理论，这样才能发挥理论的效用，对危机管理有所增益。因此，有必要对

① 正和博弈百科[R/OL]. http://wapbaike.baidu.com/view/3090175.html. 2014-4-3.

要素拓展理论的优缺点进行评述。

一、要素拓展理论的优点

（一）符合中国对危机管理的现实需求

中国对危机内涵的理解及对危机理论的研究处于不断发展之中，这从危机理论的发展脉络及关于内涵的认知矛盾就可见一斑。危机研究风潮兴起于20世纪60年代，并于90年代初传入中国。研究初期（即1990—2000年），危机往往被视为一种具有破坏性的现象。2000—2005年，中国的危机理论有了一定的发展，学者对危机概念的理解有了进一步的认识，对其定义也有了多种解读，但对危机的认知大体仍维持90年代初的判断，视其为影响安全稳定的一段时期或一种现象，认为有必要通过多种手段使其平稳降级，避免影响国家发展。2005年至今，中国学者对于危机的认知发生了明显转变。对其认知由研究之初的破坏性现象转变为危险与机遇并存的事件。这一认知转变体现出中国对于危机理论的需求转变。分析近年来中国应对危机时的行为，可以发现中国有两点清晰的原则：一是和平解决争端。中国处于高速发展期，国家的和平稳定是发展的温床。结合现实来看，中国近年来的危机基本上都是通过和平手段予以降级化解，军事手段仅作为辅助和威慑。二是坚持自身立场绝不动摇。中国对于关涉重大的核心问题采取决不妥协的态度。中国是正在崛起的强国，世界各国都在旁窥视，想要看看中国是什么样的国家，在应对国际问题时又会采取何种态度。因为这个原因，中国必须展现出原则性，对于涉及国家核心利益的问题决不妥协。

要素拓展理论的作用恰好符合上述两点需求，这也是要素拓展理论的第一点优势。一方面，要素拓展理论旨在将零和博弈转化为非零和博弈，增加和平解决危机的可能性，符合中国的第一项原则。另一方面，要素拓展理论的实施思路是通过拓展博弈增加互信，增大谈判筹码，既表示出对危机的重视，又展现出争取核心利益的决心。通过有选择地拓展增加己方核心博弈的优势，努力赢取核心博弈的胜利，符合中国的第二项原则。

（二）有利于取得先发制人优势

《汉书·项籍传》中有云："先发制人，后发制于人。"军事斗争中如此，危机管理中同样如此。在《危机管理中的国家安全战略》一书中，作者详细阐述了先发制人理论与危机管理的紧密联系，从微观角度深入探讨了危机管理中先发制人所具有的必要性、可行性、合法性以及威权性。作者在书中指出，"无论是作为军事手段的先发制人战略，还是作为政治手段的谈判战略，都是化解危机的重要手段，都是国家安全战略的重要选项[①]”。在《冲突的战略》一书中，谢林将双方博弈量化为垂直方向为北、水平方向为东的二维图表，通过四个博弈组合AB、Aβ、αβ、αB的位置变化及走向论证了率先采取行为的博弈方能够取得一定的先手优势。

要素拓展理论的第二个优点是有助于博弈方取得先发制人优势。从整体博弈角度考虑，对博弈内容的拓展及基于其的谈判无疑是有效的管理手段之一，而率先采取这一手段，自然意味着在危机中率先出招，做到先发制人。从拓展博弈角度考虑，率先做出拓展决策的一方优势更为明显，因为做出决策的一方既决定了拓展的内容，又在拓展博弈中率先提出自身的要求，具有双重的先手优势。

（三）有利于缓解危机初期紧张局势

在对危机进行界定之时，许多学者都喜欢将决策时间紧迫作为其中一个限定条件。有些危机持续时间较短，在数周时间内就经历了危机博弈期的整个阶段。但有些危机的持续时间较长，例如涉及核武开发及扩散的几次危机，持续时间都长达一年或数年。所以这里的时间紧迫性并非指危机持续时间较短，而是指留给决策者的反应时间较短。进一步分析，就是指从决策者获悉危机发生，到做出初步决策的时间较短，紧迫性强。学者之所以着重强调这段时期，是因为危机初期的反应与决策对于危机的整体发展有着巨大的影响，妥当的初期处理对于危机的整体管理有着重要的意义。通过对多个危机案例的研究，我们可以清楚发现，成功的初步决策能够迅速地缓解危机态势，使危机向有利于己的方向发展。例如古巴导弹危机中，美国的海上封锁决策就是此类。有些决策则出现失误，没有进行有效控制，导致危机迅速进入“死锁”状态[②]，危机快速升级，最终演化为战争。

要素拓展理论的第三个优点是能够降慢危机的发展节奏，有效缓解危机初期紧张局势。首先，拓展要素的引入可以避免对对方产生直接而大量的刺激，减少压力造成的决策误判；其次，拓展要素的引入客观上增加了对方需要做出的决策数量，延长了对方的思考时间，促使对方从感性冲动回归为理性思考；最后，拓展要素的引入一定程度上表明通过谈判解决危机的态度，既能保留在核心问题上的坚定立场，又避免给他国留下过于顽固的印象。

---

① 孙德刚．危机管理中的国家安全战略[M]．上海：上海人民出版社，2010.

② 当双方的问题最终都得不到解决或彼此都不肯做出让步或妥协时，处于战略主动地位的一方就将发出最后通牒，此时战争便如同箭在弦上，一触即发。此种状态即是危机理论上的“死锁”状态。

（四）有利于增加决策互信

在国际危机管理理论研究中，学者总结出危机管理的数条原则，其中一个重要原则就是要求双方具有一定的决策互信。危机管理的关键因素之一在于正确判断对方意图，避免误判导致危机升级。另外，危机的谈判过程是一系列承诺与威慑交替的过程。而承诺与威慑的有效与否、作用大小，同样取决于双方彼此间的信任程度。

由此可以看出，具有互信的双方才能有效地进行讨价还价，并达成一致的意见。而缺乏互信的一方，在没有外部因素介入的情况下难于达成一致。也就是说，一定程度上的决策互信对危机和平解决具有促进作用。

要素拓展理论的第四个优点是能够有效地增加核心博弈方之间的决策互信。由于拓展得出的重要要素、一般要素的重要程度相对较弱，核心博弈方较易就其达成一致意见。在围绕拓展要素进行谈判的过程中，双方的谈判往往比较顺利，彼此间也会有更加深入的了解和认识。一旦围绕拓展要素的谈判达成一致意见，则在一定程度上增强了核心博弈方彼此间的信任，从而对核心博弈起到有效的促进作用。

二、要素拓展理论的缺点

事物都具有两面性，与要素拓展理论的优点相对应，该理论同样具有一些缺陷。以下就对要素拓展理论的缺点进行分析，以便扬长避短，为是否进行拓展提供判断依据。

（一）扩大博弈范围，需要国内机构高度协同

依据辩证法原理，任何事物都需要辩证看待。要素拓展理论的优点在于通过拓展这一手段，丰富危机博弈的内容，增加和解的可能性。然而这种行为方式也带来了一定的困难和弊端，即要求核心博弈国的内部机构能够高度协同。

美国学者格雷汉姆·艾利森在其著作《决策的实质》一书中提出了组织行为模型与官僚政治模型，其同事霍尔普林在随后出版的《官僚政治和对外政策》书中对其理论进行了细化与深化的研究。他们的研究指出，政府在对外活动中并非理性行为体，而是由许多处于不同层级的机构组成的共同体。在进行危机管理的过程中，机构间同样可能出现讨价还价、利益交换等行为，影响危机管理的效果与进程。由此不难看出，当国家内部机构的协同能力较弱、私心较强的时候，要素拓展不仅不能起到应有的作用，反而会加重机构间的倾轧，使国家在危机中陷入被动局面，这是要素拓展理论的第一个弊端。

（二）增加谈判周期和内容，要求更高谈判艺术

要素拓展的优势之一是能够缓解危机初期紧张局势，降低初期决策时间较短所带来的紧迫感，帮助博弈双方回归理性。但事物相生相伴，为了发挥上述作用，要素拓展无疑会延长危机的谈判周期，从而增加谈判者出错的几率，这是其另一弊端。

谈判是门艺术，很难掌握。无论多么优秀的外交家，也不敢保证自己在谈判过程中绝不会犯错。这就意味着围绕拓展利益的谈判会带来更多的不确定性。更多的拓展博弈意味着决策者需要分出精力兼顾核心主战场和拓展分战场，也意味着谈判小组需要增加对应领域的谈判成员，这些增加的不确定因素有可能导致谈判破裂，使双方关系更加紧张。

（三）拓展利益处理不当，可能成为下次危机诱因

要素拓展理论的第三个弊端在于，如果拓展利益处理不当，则可能成为下次危机的诱因。

在许多危机的和解协议中，我们都能发现拓展要素的身影。例如第一次朝鲜核危机的框架协议中，包含重启朝韩谈判、美国援助朝鲜建设轻水反应堆，朝美双方在对方首都设联络处等拓展要素的有关协议。这些内容随着危机发展而逐渐拓展进入谈判范围，并或多或少在危机中起到一定促进和解的作用。然而，这些拓展内容也藏有一定的风险。如果双方不能按照协议内容履行承诺，或者双方对承诺的理解与认知出现偏差，则其可能成为下次危机诱因，导致新一轮危机爆发。第二次朝鲜核危机爆发就是典型案例。美国在援建过程中不够及时，数量也未能满足朝鲜要求。于是朝鲜威胁美国将要重启核试验，继续核研发。美国对建设轻水反应堆这一拓展利益处理不当，美朝间再起波澜，导致了二次危机的爆发。

第四章　利益拓展案例解析

本章旨在通过案例分析的方法研究拓展利益在危机管理过程中发挥的作用，从而试图总结出三种不同利益的特点及优势。通过第一次朝鲜核危机案例分析，研究以轻水反应堆为代表的不对称要素所具有的优势；通过古巴导弹危机案例分析，研究如何通过内部拓展丰富策略集，同时尝试总结内部拓展所具有的特点；通过黄岩岛危机案例分析，研究外部拓展要素的选择方法及其特点。

第一节　第一次朝鲜核危机案例解析

1993年3月，朝鲜宣布将要退出《不扩散核武器条约》，标志着第一次朝鲜核危机的正式开始。该危机持续时间长达一年之久，直到1994年10月，朝美双方在日内瓦达成了具有历史意义的《美朝框架协议》，危机才宣告结束。在这场令世界瞩目的危机中，双方关系时缓时急，出现了多次起伏和反复。而在危机逐步降级直至和平解决的过程中，要素拓展，尤其是利益拓展发挥了重要作用，具有重大的意义。

一、危机背景

第一次朝核危机属于前文所述的军事边缘危机，是必然性与偶然性的结合体。其偶然性体现在无人可知何时危机将要爆发，而必然性则源于早已深埋下了危机的种子。

（一）朝鲜角度

1985年，朝鲜签署了《不扩散核武器条约》，承诺不会进行核武器的研发与生产。然而，由于朝鲜半岛的紧张局势，朝韩两国都希望依托核武器的威慑力来保卫国家安全，同时在与对方的争斗中取得上风，因此，朝鲜始终有着研发核武器的愿望与动力。随着苏联解体，社会主义国家的支柱宣告坍塌。这种局势使朝鲜充满危机感，认为自身时刻都有遭受攻击的危险。在这种局面下，朝鲜对于核武的追求变得愈加迫切，私下研制核武成为一种必然。

（二）美国角度

古巴导弹危机之后，美苏两国都意识到核大战没有胜利者。对于世界霸主美国来说，核武器的扩散对其国土安全构成威胁，并有可能动摇其霸主地位，所以美国的第一要务是防止核武扩散。另外，随着苏联解体，美国成为世界上唯一的超级强国。当时，海湾战争结束不久，美国余威尚存。在此背景下，美国希望在世界范围内巩固自己的霸主地位，而朝鲜危机正是一个好的契机。如果能够妥善解决这次危机，使朝鲜放弃开发核武器，这对于美国奠定其霸主地位有着重要意义。

二、要素拓展情况及分析

（一）要素拓展情况

第一次朝鲜核危机从爆发到结束近一年半时间，中间美朝双方经过了多轮博弈，两者相互试探、威慑，并出现了多次波折。双方在军事实力、经济实力、国际影响力等方面有着巨大的差距。在分歧如此之大的情况下，两者能够多次转危为安，并最终使危机趋于平缓，要素的拓展在其中功不可没，下面对其进行分析。

第一次朝鲜核危机中，核心利益是朝鲜研制核武器这一安全利益，核心博弈方为美朝两国。尽管危机初期，国际原子能机构就核查问题与朝鲜产生争端，但其背后有美国的身影，加上危机的大部分博弈都是在美国和朝鲜之间进行，所以本次危机的核心博弈方是美朝双方。危机初期，双方仅就核武开发与否这一核心问题进行博弈，相互间也没有有效的沟通渠道，危机呈现出零和状态。

接下来，分析危机中的要素拓展情况。本轮危机中，主要的拓展利益包括三个领域：政治领域、安全领域、经济领域。其中需要特别说明的是，这里的安全领域的利益拓展指的是美韩间的“协作精神”演习。要素拓展后的危机博弈情况如图4-1所示。

图4-1中，图形的面积大小代表了对危机的影响程度，长方形代表博弈方要素，椭圆形代表利益要素，后面的图示都遵照这一原则。由图4-1可见，四项拓展要素都对核心博弈有着一定的促进作用。其中，以轻水反应堆援建为代表的经济利益作用最为明显，是本案例的重点研究要素。

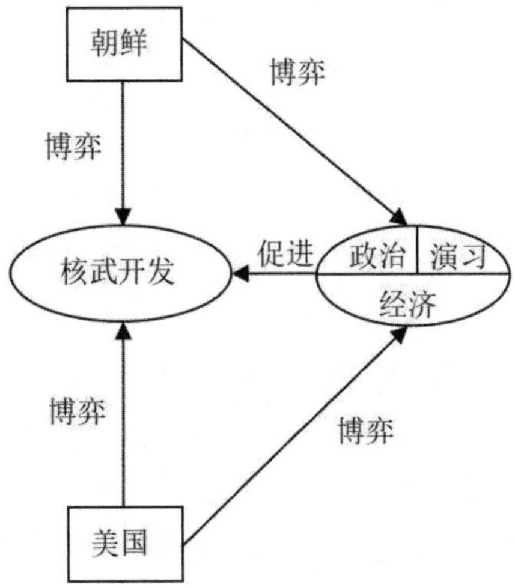

图4-1 第一次朝鲜核危机的博弈情况

在进行重点分析前，先对其他两个利益要素进行简要分析。

首先分析美韩军事演习这一拓展利益。安全领域的利益拓展是美国的拿手好戏，美国的“胡萝卜加大棒”政策中的“大棒”就是其最好的描述。美国有着世界第一的军事实力，并且是世界最大军事联盟的领头羊，所以美国往往喜欢在危机中进行安全利益的拓展，从而取得博弈的优势。在案例中，美国在危机之初就有意将与韩国开展的“协作精神”演习引入危机。美国与韩国有着攻守同盟，所以演习的开展与否对美国的战略影响不大。反观朝方，美韩“协作精神”演习在很大程度上被其视为宣战的信号，而军事上的绝对劣势使得朝方对于此演习顾忌颇深，一旦开战则危及朝鲜的存亡，所以对朝方来说意义重大。由上述分析可知，安全利益这一拓展要素具有明显的“非零和”性。一旦朝鲜愿意在其他领域中有所退让，美国乐于就这一利益做出妥协。历史事实很好地印证了这一点，当朝鲜同意拆除其现有核设施，遵从国际原子能机构规定时，美国立即取消了1994年的“协作精神”演习[①]。

其次分析政治利益这一拓展要素。这一拓展在案例中的显著程度较轻，但发挥的作用依然不可忽视，为危机和平解决起到了推动作用。其表现主要体现在美朝双方设立联络处，美国取消对朝贸易限制等方面。对朝鲜来说，苏联解体无异于惊天霹雳，如何维护国家安全进而使国家平稳发展成为重中之重，而如果能够与美国的关系有所缓和，则是在国家安全和经济发展方面都更上一层，对国家发展有着很大

① 约翰·F. 法雷尔．“协作精神”演习对武力展示及战后博弈的价值[J]. 空天力量，2009年冬季刊，2010.

的益处。对美国来说，同朝鲜关系缓和同样有着重要意义，利大于弊。一方面，韩国作为美国在东亚的重要跳板，对于美国的亚太战略有着关键意义。一旦韩国在美国的帮助下统一了朝鲜半岛，则韩国综合国力增强，而国家的危机感减弱，这种情况下韩国必然试图摆脱美国的钳制，这与美国的利益不符。美国同朝鲜关系回暖，则是在一定程度上维持朝鲜半岛现状，而这更加符合美国利益。另一方面，苏联解体之后，中国成为最大的社会主义国家，而美国也就转而视中国为假想敌，如果美国始终排斥朝鲜，则无疑推动朝鲜立场向中国倾斜，对美国的亚太战略来说有害无益。综上所述，这一拓展利益尽管影响力较弱，但其也有自身特性，就是其具有的正和性。美朝双方事实上都对政治利益有所需求，关系回暖利大于弊。所以这一拓展利益对于缓解危机紧张局势，实现危机降级能够发挥一定作用，从卡特总统访朝对整个危机事件的影响就可见一斑。

（二）经济利益的内容

前文对危机中的其他两个拓展要素进行了分析，本节则着重对经济利益进行分析。之所以对其进行重点分析，是因为它在危机案例中起到了至关重要的作用，尤以轻水反应堆援建一项体现得最为明显。

1992年7月14日，美朝进行了第二轮会谈。会谈结束后，朝鲜代表姜锡柱提出了援建轻水反应堆这一要求，并表明一旦这一要求得到满足，朝鲜愿意放弃核发展计划[①]。

这一提议对美国来说是一个利好。它可以给朝鲜保留一定的面子，同时能部分解决朝鲜的能源问题，所以这一提议具有让朝鲜弃核的可能性。另外，就算朝鲜的承诺未必真实，这一提议仍能行之有效地控制朝鲜的核计划，同时也为美国增加了讨价还价的筹码。考虑到这点，美国谈判代表决定将这一提议反馈美国政府，并与朝鲜约定在9月进行下一轮谈判。

然而，由于朝鲜与韩国和原子能机构的谈判进展缓慢，美国取消了原定的第三轮谈判。关于轻水反应堆援建的谈判暂时搁浅。

1994年，美国与朝鲜的关系变得更为紧张，美国国防部甚至制定了三种对朝鲜进行武力威慑的方案。在这种紧张的局势下，美国前总统卡特应邀出访朝鲜，为局势赢得了转机。这一过程中，援建轻水反应堆这一利益要素再次成为焦点。谈判过程中，金日成表示朝鲜需要的是能源而不是武器。他表示，一旦美国保证

① 徐辉．国际危机管理理论与案例解析[M]．北京：国防大学出版社，2011.

不对朝鲜进行攻击，并愿意帮助朝鲜建设轻水反应堆，则朝鲜可以考虑放弃核武器。卡特当即表示，愿意劝说美国政府帮助朝鲜建设轻水反应堆，并恢复第三轮日内瓦谈判。

在第三轮日内瓦会议中，美朝双方达成了多项协议，其中重要的一条就包括援建轻水反应堆的事宜。朝鲜的两次表态表明了这一拓展要素的重要性。而美国的反应则说明，如果就这一要素的妥协能够换来朝鲜放弃核计划，那么美国十分乐意。可以说，援建轻水反应堆这一经济利益在危机中占据着重要地位，是促使危机由零和转向非零和的重要因素。

（三）经济利益的特点及选择原因

论军事、经济实力，朝鲜远不及美国；论政治合法性，美国以《不扩散核武器条约》为武器，也占据上风；论国际援助，美国帮手众多。由上述分析可知，本次危机中，朝鲜在各方面都处于下风，所以其选择了一种更加务实的应对方式，将利益由安全领域拓展至经济领域。这是朝鲜的一步好棋，也是危机的一个重要转折点。朝鲜之所以选择这一利益要素作为突破口，主要因为其具有两个特点：

1. 与核心利益有关联性

轻水反应堆援建项目属于经济利益，但同安全领域的核武器开发有所联系，因为双方都需要利用核能，是核能开发与利用的两种方式，也是核能最有价值的两种体现。所以这个拓展并不突兀，能够顺理成章地引入危机博弈内容之中。核心博弈双方，尤其是美国并未对这一拓展有所反感，正是它的关联性在发挥作用。

2. 具有明显不对称性

轻水反应堆援建的第二个特性在于其具有明显的不对称性。这一利益拓展尽管由朝鲜提出，但从博弈角度考虑，仍是偏向于美方的不对称要素。对于朝鲜来说，轻水反应堆技术难题无法解决，而其对国家能源发展又有着迫切需求，所以这一利益对朝鲜来说十分重要，可以归类为重要层级。对美国则不然，美方技术雄厚，能源充足，帮助朝鲜建设轻水反应堆对美方几乎不构成任何影响，所以可以归类为一般层级。对美国来说，如果能够通过援建项目令朝鲜对自身产生依赖，从而实现阻止朝鲜开发核武器、避免核武器扩散的目的，是十分值得的。所以其对朝鲜的这一提议表现得十分积极，并且很快做出了承诺。美国的积极妥协，源自这一拓展要素具有的不对称性。

三、不对称要素拓展的优势

本书第三章中，将在核心博弈方认知中处于不同层级的同一要素称为不对称要素，并通过数理方法对其作用进行了描述。第一次朝鲜核危机中，美国援建轻水反应堆这一经济利益属于不对称要素，所以第一次朝鲜核危机是不对称要素拓展的典型案例。下面结合案例，分析不对称要素拓展具有的优势。

（一）促进危机和平解决

从案例中可以看出，不对称要素对于危机和解的促进作用是巨大的。在提出援建轻水反应堆时，朝鲜明确表明一旦这一需求得以满足，其愿意放弃核武器开发计划。也就是说，轻水反应堆这一拓展利益，在朝鲜的心目中，同核武器开发这一核心利益具有十分接近的地位。而对于美国来说，这一拓展利益则并不那么重要，所以在最后的解决方案中，美国对这一拓展利益做出了让步，同意了朝鲜的要求，并成功化解了危机。所以说，不对称要素拓展有助于促进危机的和平解决，且作用十分明显。

（二）有助于实现互利共赢

从定义中可以看出，不对称要素对于核心博弈方的价值并不相同。以第一次朝鲜核危机为例，当朝鲜得到美国同意援助其建设轻水反应堆的承诺时，朝鲜十分满意，因为其重视这一拓展利益。与此同时，美国得到了朝鲜停止开发核武器的承诺，所以美方也很满意。通过对这一经济利益的拓展，双方最终实现了互利共赢，这是不对称要素的第二点优势。

第二节　古巴导弹危机案例解析

1962年10月，美国空军少校安德森的一组侦察照片引发了轩然大波。通过美国专家的判读，美方确定苏联正在古巴大规模修建弹道导弹基地。从1962年10月16日至10月28日，美苏双方经历了“惊魂的13天”，其间危机局势时缓时急，直至最终和平解决。在危机的博弈过程中，要素拓展同样起到了一定的作用。

一、危机背景

美前国防部长罗伯特·麦克纳马拉的著名论断“从此以后不再有什么军事战

略可言，取而代之的将是危机管理”闻名遐迩。毫无疑问，这一论断有夸大之处，但从麦克纳马拉口中说出却又情有可原，概因他刚刚经历了令世界为之震惊的重大危机——古巴导弹危机。这一危机主要涉及三个国家：古巴、苏联和美国。

（一）古巴角度

1959年，卡斯特罗成立了古巴共和国。古巴是社会主义阵营中地缘离美国最近的国家，其成为苏联反制美国的桥头堡和前线阵地。由于其具有重要的战略意义，美苏双方都对其表现出高度重视。1961年的猪湾事件给古巴政府与民众造成了很大触动，尽管古巴在这次较量中取得了胜利，但也令古巴从上到下都对国家安全产生了深深的担忧。从维护国家安全角度出发，古巴同意苏联军队进驻符合其安全利益。

（二）美国角度

20世纪中期，在艾森豪威尔政府的“大规模报复战略”思想指导下，美苏双方陷入了核武竞赛的泥潭之中。然而，随着时间推移，双方越来越意识到核武器具有的巨大毁伤力，于是在使用核武器这一问题上变得十分谨慎。1961年，肯尼迪成为新任美国总统，其对待核武器的态度越发慎重与灵活，更加倾向于避免使用这一武器。由于对核武器威力的畏惧以及对自身安危的考虑，肯尼迪政府绝不愿意处于美洲的古巴受到苏联的控制。在这种背景下，肯尼迪总统决定继续执行猪湾计划，希望通过秘密培养的武装分子联合反古巴政府力量搅乱古巴局势，从而实现维护美国本土安全的战略目的。猪湾事件的失败令双方的隔阂加深，也令美国对卡斯特罗政府的敌意与日俱增，这种明显的敌对情绪让古巴担忧不已，从某种程度上促进了危机的爆发。

（三）苏联角度

苏联在古巴修建导弹基地这一行动有三个诉求：一是为卡斯特罗领导下的古巴提供安全保障，进一步亲密双方政府间的关系；二是对美国形成一定的威慑，一旦在古巴部署导弹成功，则从军事角度而言是一次巨大的进步，代表着苏联在美洲有了核力量的前沿阵地；三是通过这种方式争取在柏林问题等利益争端中取得优势，是一种有效的博弈手段。

在这种背景下，由于美国与苏联、古巴之间的敌对情绪以及猪湾事件等一系列事件造成的紧张局势，古巴导弹危机爆发成为偶然中的必然。

二、要素拓展情况及分析

（一）要素拓展情况

我们运用要素拓展理论对古巴导弹危机进行分析，首先对案例的核心要素进行判断。古巴导弹危机案例中，美苏双方就古巴是否部署导弹这件事情展开博弈。所以，案例中的核心利益为古巴的导弹部署问题，属于安全领域范畴。案例中的核心博弈方是美苏两国。尽管导弹部署在古巴领土上，但这一行动的发起者是苏联，部署导弹还是撤出导弹的决定权在苏联手中，所以说苏联和美国是危机中的两个核心博弈方。

接下来研究本案例中的要素拓展情况。本次危机中的拓展博弈方可以忽略不计，对核心博弈几乎不构成影响。本次危机中的拓展利益作用较为明显，主要体现为对古巴海上安全这一利益的拓展。双方博弈情况如图4-2所示。

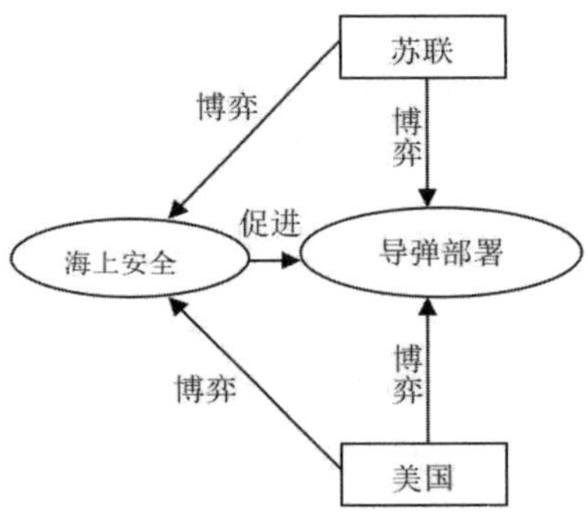

图4-2　古巴导弹危机的博弈情况

由图4-2可见，本次危机中，拓展博弈方的参与程度几乎为零。危机发生在冷战时期的两大巨头美苏之间，决定了拓展博弈方能够起到的作用微乎其微。一方面，社会主义阵营与资本主义阵营构成明确，倾向性明显，不确定因素较少；另一方面，美苏两国国力远胜当时的其他各国。其他国家的影响力很弱，难以对危机局势走向起到明显的干预作用。需要特别说明的是，尽管危机中涉及从古巴和土耳其撤出导弹的利益博弈，但由于决定者为美苏两国，古巴和土耳其并未参与过相关事宜的决策，所以在本次危机中，古巴和土耳其不能算作拓展博弈方。与拓展博弈方不同，古巴的海上安全这一拓展利益在危机中占据了重要地位，下面对其进行详细分析。

（二）海上安全利益分析

古巴导弹危机扣人心弦，是冷战时期美苏两强国的一次直接较量，其失控的后果不堪设想。同时，这一危机持续的时间较短，从1962年10月16日起，到10月28日结束，也被称为“惊爆的13天”。由于时间较短，其中涉及的利益内容较少，主要集中在安全领域。案例中，肯尼迪政府在进行决策之时，将安全利益这一核心利益分解为包括古巴部署导弹问题、古巴的领土安全问题、古巴的海上安全问题和古巴的空中安全问题四个部分。属于本书第三章中所描述的内部分解。

1. 海上封锁的选择过程

肯尼迪总统获悉苏联在古巴部署导弹这一消息后，迅速召开国安会特别会议。与会者对苏联意图进行了研究判断，列出了六种应对方案，包括：置之不理、外交施压、秘密接触、登岛作战、空中打击和海上封锁①。六种方案各有利弊，依照冲突程度由轻到重的排列顺序为：置之不理、秘密接触、外交施压、海上封锁、空中打击、登岛作战，如图4-3所示。

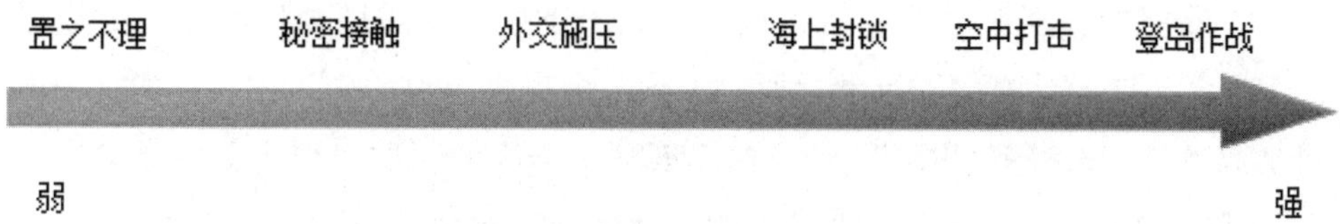

图4-3　肯尼迪政府的六种方案

其中，海上封锁决策选择了分解出的海上安全问题，空中打击选择了分解出的领空安全问题，登岛作战选择了分解出的领土安全问题。

这些决策中，置之不理最轻，登岛作战最重，前者等于放弃了主动权，坐观事态发展，令自己陷入被动之中；后者则选择了直接冲突，等于与苏古两国彻底撕破脸皮，并且需要承受包括核打击在内的军事风险。因此，这两种意见被首先排除。

剩下的四种选择中，秘密接触和外交施压偏向于以谈判为主解决矛盾，海上封锁与空中打击倾向于依赖军事手段解决争端。这四种手段都有一定的风险。前两者的风险在于，苏联可以假装同意谈判，拖延时间，加快建造和部署，迫使美国接受导弹阵地。后两者的风险在于，尽管程度较直接攻击为轻，但仍属于军事行动，有可能刺激苏联做出强烈反应，使冲突进一步升级。

在危机爆发之初，危机双方都倾向于先通过强势手段获取谈判优势，避免示弱而导致对方得寸进尺。基于此种考虑，肯尼迪决定在海上封锁和空中打击这两个方案中选择一个作为最终方案。

众所周知，肯尼迪的灵活反应战略中有一项重要的组成部分，就是相互确保摧

① [美]格雷汉姆 · 阿利森. 决策的实质[M]. 北京：北京大学出版社，2008.

毁战略。而空中打击有一个最大的弊端，那就是空袭不能确保摧毁所有部署在古巴的导弹基地。这一弊端是肯尼迪无法接受的，所以其最终选择了海上封锁方案。

在做出海上封锁决定后，美国迅速采取了封锁行动。苏联随即通过派遣货船的方式进行了试探。在两者的相互试探过程中，美国和苏联都展现出了慎重的态度。并通过或明或暗的方式展现出可以妥协的态度。经过双方的沟通，苏联选择撤出部署在古巴的导弹，美国决定取消海上封锁，并撤出部署在土耳其的导弹以安抚苏联，危机得以平稳解决。

2. 海上封锁的作用分析

上文介绍了本次危机中美国选择海上封锁的原因，下面介绍这一利益要素发挥的重要作用。

首先是规避了直接冲突的风险。在危机发展之初，双方都倾向于展示其强硬态度，因为软弱的态度会导致在后续谈判中处于下风。从美国角度来看，危机爆发时，苏联已经展开导弹部署行动，所以美国急需提出有力的应对方案，而这一方案必须权衡多方，把握好“度”。一方面，展现出坚决的态度，要求苏联务必撤出部署在古巴的导弹；另一方面，手段不能过于激烈，避免刺激苏联，导致危机升级，产生核大战的隐患。古巴部署导弹危及美国本土安全，对美国的国家核心利益产生了威胁，所以其无论如何也要让苏联将导弹撤回，这一目的必须实现，无法妥协。为了实现目的，美国务必展现其决心，这也是肯尼迪倾向军方提出三种方案（海上封锁、空中打击、登岛作战）的原因。而自陆向海这一决策的最大优势在于，在展示决心的基础上，最大程度地避免了直接冲突，避免危机恶化。

其次是有利于双方采取试探行动。危机管理过程中，通畅而有效的沟通至关重要。海上封锁的另一优势在于其为赫鲁晓夫和肯尼迪搭起了一座沟通的桥梁。美苏两大巨头的冷战构成了当时的世界格局。双方尽管也有沟通，却都无法直抒胸臆。一旦在言语上有所示弱，不仅影响本次危机的博弈，还会影响到己方阵营的士气，令己方在整体战略、长期博弈中处于劣势。因此，双方有必要通过较为隐蔽的方式沟通并传递信息，海上封锁为这种信息传递提供了平台。1962年10月26日，美国海军在总统授权下，对苏联货船“马卢克拉”号执行了登船检查。在确定承载货物为汽车和一些零部件时，美方准许“马卢克拉”号通过。这就是肯尼迪放出的一次无声的信号，“马卢克拉”号货船并非苏联船只，而是苏方租用的巴拿马货船。对其进行检查可以说明，美国并无意冒犯苏联，并且说话算话，只要符合规定，美国一律放行。1962年10月23日，苏联两艘潜艇完全浮出水面，亮明身份，避免冲突。另有三艘潜艇在到达反潜海域前就掉头返航，美方在之后判定为苏联对危机解决的积极响应。这表明赫鲁晓夫领会了肯尼迪的用意，并做出了积极回应。类似的事件还有很多，例如“加加林”号和“科密莱斯”号事件、“布加勒斯特”号油轮事件等。可以说，除了有限的总统互致信件之外，美苏双方在古巴导弹危机中的大部分沟通和意图表达都是借助海上行动来进行，这也充分体现了这一要素的积极作用。

三、内部分解的作用

在本书第三章中，从利益要素角度出发，我们将运用该要素的方式分为外部拓展和内部分解两类。古巴导弹危机正是内部分解的典型案例。古巴导弹危机中，核心利益为导弹部署问题，属于安全领域，而分解出的海上安全问题同样属于安全领域。所以，对海上安全的拓展属于内部分解，通过对其进行分析研究，我们可以总结得出内部分解的两个作用。

（一）分解难以分配的核心利益

在危机博弈过程中，核心利益往往具有零和性。核心博弈方都会展现出绝不妥协的态度。例如日韩之间的独岛（竹岛）争端，日韩双方都宣称岛屿是本国的领土，不会让出一分一毫[①]。如果核心利益的零和性较为明显，可以尝试将核心利益分解为不同的部分，并将其中重要性较强的视为新的核心利益，而将重要性较弱的视为重要利益，通过分解出的重要利益来实现缓解危机的目的。如果运用经济学中“分蛋糕”的理论进行分析，就是当一整块“蛋糕”难以分配时，可以将“蛋糕”切开，分成不同的小块，以便降低分配的难度。内部分解正是通过这种方式，分解难以分配的核心利益，从而促进危机的和平解决。

（二）加大核心博弈方的可融合范围

本书第三章中，总结了博弈要素具有的三个特点，“促融合性”由弱及强是其中之一。内部分解的第二个重要作用就是，能够加大核心博弈方的可融合区域的范围，从而起到促进危机降级的作用。以古巴导弹为例，危机的核心利益本来是安全利益，包含范围较广，而核心利益往往难于融合，所以美苏双方的冲突难于化解。当美国分解核心利益，将其分为四个部分时，其中的海上安全部分就具有了可融合性。而正是通过这一可融合部分的博弈，美苏双方各自做出了让步，实现了危机的和平解决。如果说危机初始阶段的零和部分较大，则在内部分解之后，零和部分范

① 韩国和日本之间的独岛（竹岛）争端[R/OL]. 新华网，（2015-03-04）http://news.xinhuanet.com/ziliao/2005-04/06/content_2793036.htm.

围缩小，非零和部分的范围增大，这对于促进危机和解有着重要意义。

第三节　黄岩岛危机案例解析

2012年4月11日，菲律宾军舰拦截了中国在黄岩岛附近作业的渔船，并试图抓捕船上的渔民。中国海监船及时赶到，救出了受困渔民。然而，冲突并未随之消散，反而愈演愈烈，双方不断派遣船只至黄岩岛附近海域，以维护自身权益。双方的摩擦不断，黄岩岛危机就此爆发。

一、危机背景

中国与菲律宾的冲突由来已久。1995年及1998年，菲律宾在中国南海“美济礁”附近海域两次挑起事端。中国态度坚决，应对有力，于第二次争端后对“美济礁”实现了实际控制。菲律宾对中国南海资源觊觎之心不死，于是又将目标定为黄岩岛，从而深埋下了危机爆发的种子。

（一）菲律宾角度

在此次危机爆发之前，菲律宾共有两次抢夺我黄岩岛的行为。一次是在1980年，菲律宾试图将黄岩岛划归其200海里经济专属区；另一次是在1992年，菲律宾前国家顾问有意挑起争端，宣称黄岩岛是菲律宾领土[①]。但两次行为都是浅尝辄止，自然也没有任何收获。

2012年的黄岩岛危机是菲律宾抢夺该岛的第三次尝试，而之所以选在这个时期，主要有两个原因：

一是美国的影响。2011年年底，美国国务卿希拉里宣称，美将把外交战略重心转向亚太地区。美国又于2012年年初提出了“再平衡”战略，重返亚太的决心可见一斑。菲律宾认为这是夺岛的好时机，中国为了应对美国的战略转型，一定无暇他顾。另外，美菲将要进行联合军演，双方战略合作的加强也给了菲律宾底气。菲律宾《世界日报》总主笔侯培水曾分析说：“美国希望菲律宾能够在这一地区扮演领

① 黄岩岛百科[R/OL]. http://www. baike. com/wiki/%E9%BB%84%E5%B2%A9%E5%B2%9B.

头羊的角色。"[①]

二是南海地区的整体趋势带来的影响。21世纪以来，南海国家不断开采南海资源，仅石油一项就获利颇丰。南海国家尝到了甜头，于是纷纷试图扩大其既得利益，例如越南就在2011年重申其拥有西沙和南沙群岛主权。在这种整体趋势下，菲律宾自然不甘人后，也试图通过抢夺黄岩岛以获取更大利益。

（二）中国角度

同受到经济利益吸引的菲律宾相比，中国对于收复黄岩岛的态度更加坚决，主要是基于三个需要。

1. 维护主权的需要

由于历史遗留问题，中国的南海诸岛曾经在一段时间内受到他国的占领与控制。第二次世界大战结束后，新中国成立，中国展开了收复岛屿、维护主权的一系列行动，并先后成功收复西沙群岛，实际占领中沙群岛。唯独南沙群岛的大部分仍遭受越南、菲律宾等国家的侵占。因此，收复黄岩岛是当代国人的历史使命，是维护主权的迫切需要。

2. 战略安全的需要

黄岩岛具有重要的战略价值。近年来，中国的海洋活动始终限于第一、第二岛链的包围之中，这是中国的安全隐患。一旦中国能够收复黄岩岛，及至南沙群岛，则有助于中国取得战略纵深。同时，南沙群岛是中国南方的第一道屏障，一旦收复，则进可攻退可守，具有很大的战略价值。

3. 经济发展的需要

以黄岩岛为地标的南海海域拥有巨大的油气资源，南沙群岛整体石油贮量堪比一个科威特。同时，南沙群岛还有大量的渔业资源，是天然的巨型渔场。以上庞大的资源与利益正是南海各国始终觊觎并试图抢占中国岛屿的主要原因。一旦中国能够收复黄岩岛，则同样可以有效地促进国家经济发展，补充国家能源。

二、要素拓展情况及分析

（一）要素拓展情况

了解了黄岩岛的危机背景，本节尝试运用要素拓展理论进行分析。首先对案例的核心要素进行判断。黄岩岛危机的核心要素十分明确，核心博弈方分别为中国和

① 黄岩岛对峙始末[J]. 中国新闻周刊，2012.

菲律宾，核心利益是黄岩岛的主权归属问题，这是一场由领土争端引发的国际危机。

接下来研究危机中的要素拓展情况。黄岩岛危机中的拓展博弈方主要是美国，美国是菲律宾的"坚强后盾"，是菲律宾最强大的盟友。黄岩岛危机中的拓展利益主要是经济利益，具体体现在旅游和进出口等方面。双方博弈情况如图4-4所示。

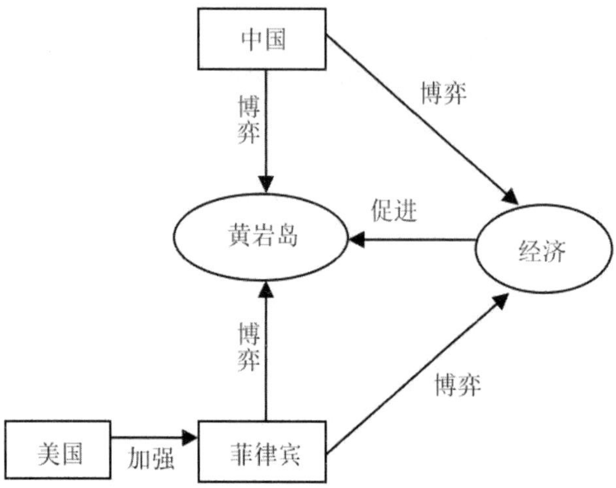

图4-4　黄岩岛危机的博弈情况

图4-4中，图形的面积大小代表了本次危机中要素的参与程度及影响力。通过图4-4可以直观看出，美国在本次危机中的参与程度和影响力并不大，仅是在一定程度上加强了博弈中菲律宾的力量比重，使菲律宾有了和中国对弈的勇气，但并没有对核心博弈产生直接影响；经济利益则不然，本次危机中，它的影响力较大，同时它也是唯一对危机和解起到促进作用的拓展要素。所以对经济利益的分析是本节的重点。

美国是菲律宾的盟国，也是世界上最有影响力的强国，其理应在危机中发挥重要作用。然而，美国对黄岩岛危机的介入程度却远没有人们想象的那么强。尽管美菲在1951年签署了《美菲共同防御条约》，但美国并不愿意过多介入这一危机[①]。因此，美国这一拓展博弈方对黄岩岛危机起到的作用较小。

接下来重点分析对危机影响较强的拓展要素——经济利益。它是本次危机中最

① 2012年4月30日，美菲召开外长和防长"2+2"会议。会后，希拉里表态，航行自由、维持地区和平与稳定，尊重国际法事关美国利益，但美对主权争端"不选边站"。美国与菲律宾在南海利益并不完全一致。

具代表性的拓展要素，同时起到的作用最大。中国之所以能够迫使菲律宾妥协，从而在维护国家主权的基础上和平迅速地化解危机，这一拓展利益可说功不可没。下面就着重对其进行分析。

（二）经济利益分析

1. 经济利益的内容

2012年5月，黄岩岛危机由初期的剑拔弩张阶段转向相互博弈、制衡的阶段。针对菲律宾的强硬态度，中国采取了一系列反制措施，以取得谈判优势。其中包括赴菲旅游安全警告和限制出口两方面。

2012年5月上旬，中国国家旅游局发出通知，由于中菲当前局势紧张，从安全角度出发，如非十分必要，中国游客应推迟或取消赴菲旅游的计划。国内各旅行机构积极响应，多家旅行社决定取消原计划的赴菲线路，并承诺退还游客支付的所有费用，并对不理解的旅客给予劝说；以“携程”“去哪儿”等网站为代表的旅游网站则下架多条赴菲旅游线路，表明响应号召的决心。值得一提的是，中国民众展现出极大的爱国热情，许多游客不仅取消自己的旅行计划，还积极劝说亲朋好友不要赴菲旅游。在多方共同努力下，中国赴菲旅游人数骤减。

尽管菲方发言人陈显达对媒体表示，“如果消息确凿，那么我只能表示遗憾，但这不会妨碍菲律宾与中国以外的旅游市场加强联系”，还表示赴菲旅游取消“没什么大不了①”。但事实上，这一制裁对菲律宾打击不可谓不重。中国是菲第四大客源地，经分析，“旅游令”的颁布至少造成菲律宾千万美元的损失②。“旅游令”颁布后，菲律宾股市于2012年5月10日、11日两天连续暴跌，相关产业也都受到了明显影响，这一手段的有效性可见一斑。

中国在经济领域的另一手段是限制进口。香蕉是菲律宾的重要出口农产品，而其中的一半都是销往中国。在双方博弈期间，以菲律宾农产品中检获有害生物为契机，中国对菲律宾的农产品进口进行了严厉的限制，加大检验力度，叫停许多生产商、果园的水果输华。据报道，由于检疫问题，菲商损失超过了14.4亿比索（约2.09亿元人民币）③。这一措施不仅对菲律宾的经济造成了影响，更令其政府受到了巨大压力。许多果农蒙受巨大损失，同时担心这种情况持续下去会使菲律宾的水

---

① 分析称中国制裁令菲开始服软[N]. 世界新闻报，2012-05-15.

② 中国暂停赴菲律宾旅游 专家称菲或损失千万美元[N]. 法制晚报，2012-5-16.

③ 菲律宾香蕉商称 已损失14亿比索[N]. 南方日报，2012-05-29.

果行业遭受重创[①]。因此，菲律宾的民众自发组织游行，反对政府强夺黄岩岛的行为，令菲律宾政府陷入了舆论压力。中国的进口核查仅仅是针对水果等农产品，就已经令菲律宾蒙受不小的损失，一旦核查范围扩大、力度加重，则菲律宾受到的损失还会继续加大，这无疑形成了对菲律宾政府的巨大威慑，令其顾虑重重。

2. 中国选择经济领域的原因

黄岩岛危机可以分为两个阶段：前一个阶段双方形成了紧张对峙的基本格局，并在对峙中相互试探，加紧情报收集，试图探明对方的底线；后一个阶段双方依照计划，各施手段，正式围绕争端进行讨价还价。我们对这一博弈过程进行研究，可以清楚地发现，在中国采用经济手段之前，菲律宾的态度十分强硬，欲将争端推向国际法律机构，并通过岛屿更名等方式同中国抗争。当中国采用经济手段之后，菲律宾态度迅速软化。美国彭博新闻社2012年5月4日报道，“阿基诺在接受采访时表示，希望与中国达成一个协议，将‘政治’与‘商业’分开[②]”。由此可见，经济手段令阿基诺饱受掣肘。在引入经济要素后，中国迅速取得主动，于较短时间内解决了危机，实现了维护主权的目标。

在本次危机中，经济利益的拓展有效促使危机降级、维护中国利益，主要源于三大优势：

一是经济手段较为温和，利于控制。相对于军事手段，经济手段较为温和。经济手段仅会造成财产损失，不会危及人民与国家安全。在进行危机案例分析时，我们不难发现，当双方采取军事手段，引入安全利益的时候，矛盾往往容易激化。例如朝鲜核危机中，美国通过美韩联合军演向朝鲜施加压力，希望通过军事威慑令朝鲜妥协，结果却换来朝鲜“以超强硬应对强硬”的决策，其不仅没有达到威慑的目的，还导致危机升级。经济手段则不然，它易于控制，可以避免擦枪走火的危险。当局势发生变化，需要进行政策调整时，进出口的限制可以简单地取消，而军事方面的调整则需要大动干戈。另外，经济手段可以避免其他博弈方的直接介入。例如黄岩岛危机中，如果中国采取军事手段对菲律宾进行威慑，那么美国可以保护盟友为名直接介入危机，从而加大危机降级的难度。而经济手段基本可以避免此种风险。综上所述，经济手段具有较为温和的特征，不会引发博弈对手的强烈抵触，同时也不会引入外来博弈方，对控制危机规模，实现危机降级有较大的促进作用。

---

① 香蕉是菲律宾极其重要的一大产业，一旦出口出现问题，将直接影响菲律宾国内大约20万人的就业问题。

② 黄岩岛对峙始末[J]. 中国新闻周刊，2012（05）.

二是中国具有经济优势。新中国成立后，经济飞速发展。及至黄岩岛危机爆发的2012年，经济总量早已跃居世界第二位，并仍在持续高速增长。反观菲律宾，身为“亚洲四小虎”的一员，同其他几个成员一样，在1997年金融风暴中遭受重创，欠下了大笔外债，虽然后来有所复苏，但仍存在一定的贫困问题。

中国同菲律宾的经济实力差距明显，所以将博弈引入经济领域易于获取优势，可以通过多种手段对菲律宾进行制约，较易在博弈中占据上风。另外，经济利益是对中国有利的不对称拓展要素。黄岩岛危机中，中国最为重视的是国家主权完整，其次是黄岩岛具有的战略优势，再次才是黄岩岛的经济价值。菲律宾则不然，其始终对中国南海诸岛念念不忘，主要就是觊觎岛屿所带来的经济收益，其认为，经济价值与主权归属同等重要。所以，本案例中对经济利益的拓展符合“注重不对称要素拓展”这一原则。

三是菲方对中国市场有较大依赖。中国选择经济领域作为拓展方向，不仅是考虑到自身相对于菲律宾的巨大经济优势，还缘于菲律宾在经济方面对中国有较强的依赖。

由于运输成本等，地理位置相近的国家间往往贸易往来更为频繁。中国与菲律宾隔海相望，同时是东亚最强大的国家之一。中国有着巨大的市场和商机，是菲律宾的主要出口对象之一。选择经济领域，等于抓住了菲律宾的软肋。由案例可以清晰看出，在进行要素拓展之后，菲方的态度从政府到人民都有了明显的转变。民众自发组织起反政府游行，官方则明显态度和缓，由强硬转为希望和谈。因此，由于菲律宾对中国的经济依赖，经济领域可说是黄岩岛危机中的最佳拓展方向，经济手段是制约菲律宾的最有效手段。

三、外部拓展利益的作用

在本书第三章中，从利益拓展角度出发，我们将要素拓展的方式分为外部拓展和内部分解两类。黄岩岛案例正是外部拓展的典型案例。黄岩岛危机中，核心利益为岛屿归属问题，属于政治安全领域。所以，对经济利益的拓展属于外部拓展，通过对经济利益的作用研究，我们可以总结出外部拓展的两个作用。

（一）有效扩大博弈范围

外部拓展涵盖的范围最为广博，包含多个领域，体现为不同的利益形式。通过外部拓展，可以有效增加双方谈判中的利益数量。例如黄岩岛危机中，中菲双方开始仅就岛屿归属这一利益展开博弈，内容单一，双方无法达成有效共识。当中国决定将博弈的利益拓展至经济领域时，双方讨价还价的内容变得较为丰富，除了岛屿归属问题，还要探讨进出口的限制和中国赴菲旅游的国内宣传导向等问题。当讨论内容增多时，双方都有了讨价还价的余地，相当于将蛋糕做大，有了分蛋糕的余地。

（二）有效缓解冲突情绪

外部拓展带来了更为广博的博弈空间，从而让博弈方有了更多的选择余地。当选择余地增多时，博弈方有必要对决策和两国间关系进行认真思考。通过促进思考的方式，外部拓展可以有效缓解博弈方的冲突情绪，降低危机的和解难度。黄岩岛危机中，当双方仅围绕岛屿进行争夺时，阿基诺态度强硬，声称坚决维护国家利益。当中国将利益拓展至经济领域时，阿基诺意识到双方间的经济联系密切，尤其是菲律宾经济对中国市场有着很强的依赖。于是，阿基诺的态度有了转变，愿意与中国通过协商和平解决争端。这正说明了外部拓展具有缓解冲突情绪的积极作用。

四、外部拓展利益的选择原则

外部利益拓展涵盖的范围较广，包含多个领域，一旦选择不当，可能会造成双方矛盾加剧。因而，如何在进行外部拓展的时候选择合适的领域，是外部拓展的关键点。结合黄岩岛案例中对经济利益的分析，可以总结出外部利益拓展的选择原则。

（一）立足于本国优势领域

危机管理的目的是在促使危机和平降级的基础上最大化自身利益，这就决定了利益拓展应立足于本国优势领域进行。

立足于本国优势进行拓展有两大好处：一是能够更好地把握危机局势。由于拓展领域是优势领域，也就意味着在该领域内，己方拥有更大的影响力和操控力。当局势出现恶化趋势，或者向着不利于自身的方向发展时，己方可以通过主动放宽政策等方法进行调节，具有较强的可操控性。例如美国在第一次朝鲜核危机中进行安全利益的拓展，通过美韩联合军演的方式，试图给予朝鲜压力。当发现这一手段并不奏效，并有可能导致危机恶化时，美国立即决定将军演列入可谈判的范围内，并较为轻易地做出了让步，从而避免了危机的恶化，缓解了朝鲜的紧张情绪与敌对情绪。

二是更利于赢取拓展博弈的胜利。由于拓展方向为己方优势领域，意味着在博弈中己方有着更强的力量和影响力，博弈的胜面较大。例如黄岩岛危机中，中国就是通过经济利益的优势影响整体危机博弈走向，使得菲律宾态度逐渐软化，从而最终实现了维护主权与避免战争的双丰收。

（二）考虑对方现实需求

危机爆发往往是由于利益冲突，通过案例研究可以看出，拓展利益越是贴近对方需求，对方越容易做出妥协与让步，所以利益拓展应综合考虑对方的现实需求。

符合对方需求的利益拓展可以有效影响对方的博弈策略，令其在核心利益与拓展利益之间徘徊不定。权衡利弊需要一定时间，对于对方来说，一段时间的思考能够令其迅速由激动转为冷静，也就避免了由于决策者情绪激动而使危机迅速升级。例如朝鲜核危机中，美国将与朝鲜互设联络处这一拓展利益引入危机，有效地缓解了朝鲜激烈的反美情绪，避免了矛盾升级。对己方来说，这一段时间可以进行更为周密的计划与决策，也可以通过外交手段争取舆论优势等，总之，有利于己方取得先发制人的优势。

第五章　博弈方拓展案例解析

本章通过案例分析的方法研究拓展博弈方在危机管理过程中发挥的作用，从而试图总结出三种不同博弈方的特点及优势。通过第二次朝鲜核危机案例分析，研究缓冲型拓展博弈方所具有的优势；通过伊朗核危机案例分析，研究强国类型的拓展博弈方所具有的特点；通过海湾危机案例分析，研究利益攸关方的重要地位及其特点。

第一节　第二次朝鲜核危机案例解析

一、危机背景

1994年，朝鲜与美国共同签署《美朝框架协议》（以下简称“《协议》”），首次朝核危机得以和平解决。然而，美朝双方始终未能以《协议》为契机密切双边关系，认知差异与相互的敌意始终是潜伏的祸乱之种。2002年11月，布什总统决定停止向朝鲜继续运送重油。朝鲜于同年12月22日宣布解除核冻结，并于2003年1月10宣布退出《不扩散核武器条约》[①]。于是，第二次朝鲜核危机爆发了。

（一）美国角度

2001年年初，小布什接替克林顿成为美国的新任总统，并在对朝问题上展现出明显有别于前任的强硬政策倾向。上任不久，小布什总统就用其“遏制政策”取代了克林顿的“接触政策”，而这一政策的转变正是危机爆发的最佳土壤。

有了种子和土壤，还缺少一个催化剂。在“9·11”恐怖袭击之后，小布什将恐

① 朝鲜核问题的前世今生[R/OL].（2013-02-18）. http://bbs. tianya. cn/post-worldlook-684153-1. shtml.

怖主义视为国家安全的最大敌人，而与之相关的大规模毁伤性武器扩散同样被视为最大威胁。为了应对这一威胁，小布什政府提出了“新三位一体”战略[①]。在该战略指导下，美国对朝核问题采取了“不妥协、不谈判、不补偿”的强硬立场，并将朝鲜与伊朗、伊拉克一起称为“邪恶轴心[②]”。对朝鲜的这一定位令布什政府日后决定脱离与日韩的合作，转而向朝鲜施压，也直接导致了凯利对朝鲜的访问，从而导致了第二次朝鲜核危机的爆发。

（二）朝鲜角度

20世纪末，朝鲜的局势相对稳定。在克林顿政府执政期间，美国对朝鲜的态度以接触为主，并表示同意履行《协议》内容，减轻对朝鲜的制裁，为朝鲜提供经济援助。日韩两国也都展现出温和的态度，韩国对朝鲜实行“阳光政策”，希望南北能够和解。日本则同朝鲜签署《朝日平壤宣言》，双方关系也得以改善。此种局面下，朝鲜迎来难得的发展时期，对于美国的经济援助十分重视。

然而，美国在布什上台后修改了对朝政策，从援助转为了制裁。这令朝鲜深深不满。在布什将朝鲜定位为“邪恶轴心国”后，这一不满越发强烈。所以，朝鲜决定继续推进核武器的开发。

美国视朝鲜为“邪恶轴心国”，朝鲜则始终对美国保持警惕，坚持核计划。可以说，双方从来没有相信过对方，并都在某种程度上违背了《协议》内容。在这种背景下，第二次朝鲜核危机宣告爆发。

二、要素拓展情况及分析

（一）要素拓展情况

本节运用要素拓展理论对第二次朝鲜核危机进行分析，首先判断危机中的核心要素。同第一次朝鲜核危机一样，本次危机的核心博弈方为朝鲜和美国，危机的核心利益为核武器开发问题，属于政治安全领域。

接下来研究危机中的要素拓展情况。第二次朝鲜核危机中，双方自始至终围绕核武器开发这一问题展开博弈，所以拓展利益对危机管理的影响很小。与拓展利益不同，拓展博弈方在本次危机中发挥了重要的调解作用，以六方会谈形式存在的拓展博弈方，是本书的重点分析对象。博弈的情况如图5-1所示。

---

① William Arkin. *Nuclear Posture Review* [N]. Los Angeles Times, 2002-03-11.

② 徐辉. 国际危机管理理论与案例解析[M]. 北京：国防大学出版社，2011.

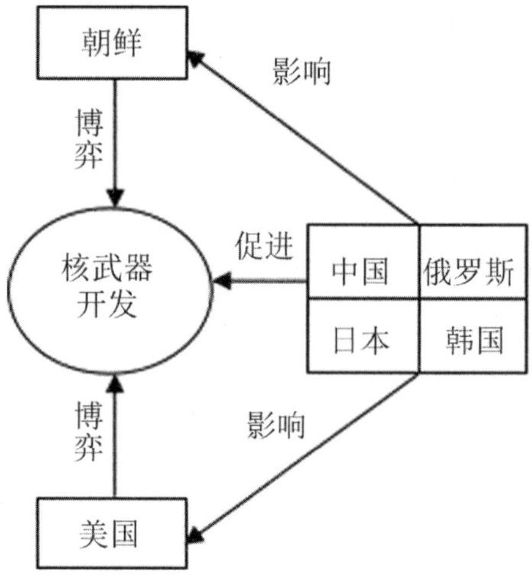

图5-1 第二次朝鲜核危机的博弈情况

从图5-1中可以看出，第二次朝鲜核危机中，拓展博弈方发挥了重要作用。以中、俄、日、韩为代表的四个重要博弈方介入危机，并依托六方会谈这一谈判机制，对核心博弈方施加影响，缓解了双方的激烈情绪，有效地避免了危机进一步升级。下面对其进行详细分析。

（二）六方会谈的召开过程与内容

六方会谈是解决第二次朝鲜核危机的谈判机制。除了朝美两国，与会者包括中、日、韩、俄四大拓展博弈方，对此次危机影响颇深，成为危机走势的转折点。

1. 第一轮六方会谈

三方会谈中，朝鲜抛出了一枚重磅炸弹，宣称朝鲜已经拥有核武器。针对这一声明，美国做出强硬反应，计划对朝鲜实施全面封锁。朝鲜不甘示弱，宣布退出《朝鲜半岛无核化共同宣言》，甚至表示已经做好交战准备。美国则透露已在制定进攻朝鲜的“5030”计划①。在双方对抗升级、危机濒临失控之际，第一次六方会谈于2003年8月27日宣告召开。

第一次六方会谈并没有达成有效协议，显性作用并不强。然而，第一次六方会谈的隐性作用巨大。一方面，六方会谈中，各国表达了和平解决危机的共同意愿，并阐述了自身的立场，从而有效控制双方尤其是朝鲜的情绪②；另一方面，第一次

① 庞东梅．冷战后东北亚地区安全困境及其缓和之路[D]．济南：山东师范大学，2005.

② 有学者认为，朝鲜并不愿意参加多方会谈。但由于参会的国家对朝鲜都有着重大影响力，所以朝鲜不得不参加。

六方会谈为解决危机提供了一个有效的平台，为后续的五轮会谈打下了基础。

2. 第二、三轮六方会谈

第一轮会谈结束后，朝鲜与美国的关系有所缓和，但由于双方没有达成实际协议，不久之后危机又呈现出升级的趋势。美国能源开发组织于2003年11月宣布，由于朝鲜未严格实行去核化，将会中断轻水反应堆援建项目。这一声明令朝鲜极度不满，认为这是对朝鲜的挑衅，局势再度恶化。为了避免两国冲突进一步加剧，中国极力推动第二轮六方会谈的召开，力争让双方坐到谈判桌前解决问题。

第二轮六方会谈于2004年2月在北京召开。会议中体现出了积极的一面，同时体现出美朝双方仍然矛盾重重。朝鲜表示，如果美国同意放弃对朝鲜的敌视与敌对行为，那么朝鲜愿意暂时终止核计划。美国则表示，一旦危机的核心矛盾得以解决，美国同意朝鲜提出的要求，愿意改变对朝鲜的敌对政策。双方的表态说明双方都有着和平解决危机的意愿，并在某种程度上达成了一致。双方的态度令其他与会方看到了解决危机的曙光，然而，各国的期盼还是落了空。美朝双方对"暂停"还是"放弃"，"美方先履行"还是"朝方先履行"等问题有着明显分歧。由于细节方面的大相径庭，危机管控最终没有取得突破性进展，在提出了三点共识[①]后，第二轮六方会谈宣告结束。

第二轮会谈结束后，局势发展较为平缓。美朝双方在整体态势稳定的情况下都采取了一种新的动向，即争取其他国家的支持。美国利用其联盟优势与韩、日两国进行会晤，要求朝鲜无条件弃核。朝鲜则与日本重申《朝日平壤宣言》，双方承诺加强合作，友好相待。

在平稳的局势下，第三轮六方会谈于2004年6月在北京举行。本轮会谈的最大收获在于与会各方同意"以循序渐进的方式，按照口头对口头。行动对行动"的原则寻求和平解决朝核问题的途径，这表明美国在解决问题的步骤和原则方面进行了妥协[②]。

第二和第三轮六方会谈的作用明显，主要体现在两方面：一是起到明显的缓解作用。从2003年11月开始，危机局势呈现恶化趋势，双方的不满加剧，危机逐步升级。第二轮六方会谈结束后，朝核问题逐步趋于稳定，恶化趋势得以遏止。二是

① 包括：（1）各方确认通过和平方式解决核问题；（2）进一步明确无核化目标；（3）同意采取协调一致的步骤，解决核问题和其他关切的问题。朝核问题第二轮六方会谈首日达成三点共识。

② 徐辉. 国际危机管理理论与案例解析[M]. 北京：国防大学出版社，2011.

加深了双方的认识和沟通。在这两轮六方会谈中，美朝双方展现出的态度十分明确，并都对对方的要求做出了积极回应。朝鲜提出了“行动对行动”原则，表示自身有可能中止核计划。美国则表明愿意与朝鲜实现邦交正常化。通过本轮会谈，美朝双方对彼此的要求更加了解，也更加明确地接收到对方愿意和平解决危机的信号。这些都对促进危机和解有重大意义。

3. 第四轮六方会谈

第二、三轮六方会谈取得了一定的成果，并为解决危机赢得了难得的平稳期。然而，好景不长，一系列事件打破了平稳的局面，并导致第四轮六方会谈延期一年之久。

2004年是美国的大选年，这项重大的政治事件给危机局势带来了致命性影响。由于其政治选举的特殊性，美国总统小布什为谋得连任，将解决朝鲜问题作为一项竞选筹码。为了吸引选民的选票，小布什公然宣布下一步目标是解除朝鲜武装①。这一表态暴露了小布什的野心，同时摧毁了双方在会谈中建立起来的脆弱互信。事实上，他的这种做法无疑是对多方共识的违背，并且导致六方会谈难以继续进行。

面对美国大选，朝鲜同样有自己的考虑。其把希望寄托在下一届政府身上，所以对布什的言论毫不掩饰地表示出强烈的不满。在布什连任后，这些言论的负面作用有所体现，成为美朝双方矛盾进一步恶化的原因之一。

由于美国总统大选的影响，加上“美国出台《朝鲜人权报告》、日本出台《新防卫大纲》，驻韩美军部署调整、日朝‘假遗骨’事件”②等一系列事件影响，危机的局势迅速恶化，紧张加剧，和平解决的前景变得更加黯淡。

在此种局势下，中国派遣对外联络部部长王家瑞访朝，并大力进行协调工作。经过多方斡旋，终于重启了六方会谈。

2005年7月末，时隔一年之久的六方会谈在北京重启。本轮六方会谈取得了一系列突破性进展，朝美双方接触密切，在六方会谈大框架下多次展开双边会谈，成果斐然。例如美国同意朝鲜在非军事领域运用核能，包括发电、医药、工业等。朝方也展现出务实的态度，遇到矛盾能够灵活对待，同之前的强硬态度对比明显。最终，经过两个阶段会议，六方于2005年9月19日发表《第四轮六方会谈共同声明》，愿意在诚信基础上分阶段落实共识。

---

① 朝鲜称因布什诋毁朝领导人 将不再参加六方会谈[R/OL].（2004-08-23）. http://m.sohu.com/n/221680472/.

② 徐辉. 国际危机管理理论与案例解析[M]. 北京：国防大学出版社，2011.

在本轮会谈中，不仅美朝双方彼此频繁沟通，达成重要协议，而且韩国、日本等国家也都与朝鲜取得了一定共识。尤其是韩国，在会谈期间，韩国宣布："与美国的观点不同，韩国认为朝鲜有权保留民用核计划以生产电能。[①]同时，韩国还向美方代表提出"实质性向朝鲜提供电力"提案。韩国是美国的盟友，却提出了有利于朝鲜的提议。由此也可看出，六国会谈不仅增加了朝美双方的沟通，还给了其他拓展博弈方缓和矛盾、化解危机的空间和舞台。

4. 第五轮六方会谈第一阶段

由于第四轮会谈的突破性进展，各方对和平解决危机都抱有很大的期望和信心。因此，尽管朝美仍就反应堆问题僵持不下，但在各方的积极努力和协调下，第五轮六方会谈第一阶段于2005年11月得以顺利召开。

第五轮会谈事实上是第四轮会谈的延续，主要议题就是如何将《共同声明》内容落于实处，即探讨有关内容落实的具体情况和详细步骤。如果这次会谈能够顺利达成目的，那么或许可以给第二次朝鲜核危机画上一个句号，并且为以后的半岛核问题提供具有可行性的协议范例。然而，本阶段会谈却出人意料地并不顺利。

朝美双方本就涉核问题达成了较为一致的意见，但对于金融制裁[②]这一新出现的情况却各执一词，寸步不让。由于美国拒绝将金融问题引入会谈内容，朝方感到十分不满，并拒绝参加"济州会晤"。这一矛盾严重阻碍了第五轮六方会谈的顺利进行，导致会谈结果与各方期待相去甚远，远未达到理想效果。

5. 第五轮会谈第二、三阶段与第六轮六方会谈

第五轮六方会谈第一阶段会议结束，美朝不欢而散。由于经济问题引发的矛盾扩大并激化，危机再次升级。第一阶段会议结束后，美方拒不撤销对朝鲜的经济制裁，还威胁要对朝鲜动武。面对美方的步步紧逼，朝鲜展现出强硬态度，不仅进行了远程导弹试射，更是悍然进行了地下核试验[③]。朝鲜展现出的强硬态度，使其陷入了多方指责的境地。2005年10月，联合国安理会通过了1718号决议，决议中首次明确对朝鲜采取制裁措施。在局势紧张之际，中国再一次挺身而出。2006年1月19日，中国派遣国务委员唐家璇出使访问朝鲜，并向金正日转达了中国对其核试验所持的立场与意见。在中国的努力下，朝方表示愿意做出一定妥协，并表示不会再

① 韩国支持朝鲜和平利用核能[N]. 华夏时报，2005-08-12.

② 第四轮六方会谈结束不久，美国有关媒体指责朝鲜存在制造假币等经济犯罪行为，美国以此为由，宣布对朝鲜约2500万美元进行冻结，并宣布对8家朝鲜企业实施制裁。

③ 中国外交部坚决反对朝鲜悍然实施核试验[R/OL]. 新华网，2006-10-09.

次进行核试爆试验。面对朝鲜的和平表态，美国给予积极回应，包括向朝鲜提出“初期履行措施”等。在中方的积极协调和美朝双方的积极表态下，危机走向重回正轨。2006年12月，第五轮第二阶段六方会谈在北京顺利召开。

第二阶段会谈以及之后展开的第三阶段会谈成果颇丰，美朝双方就金融制裁问题达成一致意见，并签署了《2·13共同文件》。

2007年3月，紧承第五轮六方会谈卓越成果，第六轮六方会谈宣告启动。各方就《2·13共同文件》的内容进行细致讨论，并形成了框架共识。通过几轮六方会谈，第二次朝鲜核危机的紧张气氛有所缓和，危机局势已被控制住了，避免了军事冲突的爆发。

（三）六方会谈的作用分析

上文对六轮六方会谈的召开过程与内容进行了描述，旨在分析六方会谈于第二次朝鲜核危机中发挥的重要作用，可总结为以下两点。

1. 缓解双方矛盾，遏制升级趋势

从危机整体进程来看，六方会谈成为危机升级与降级的明显转折点，其示意如图5-2。

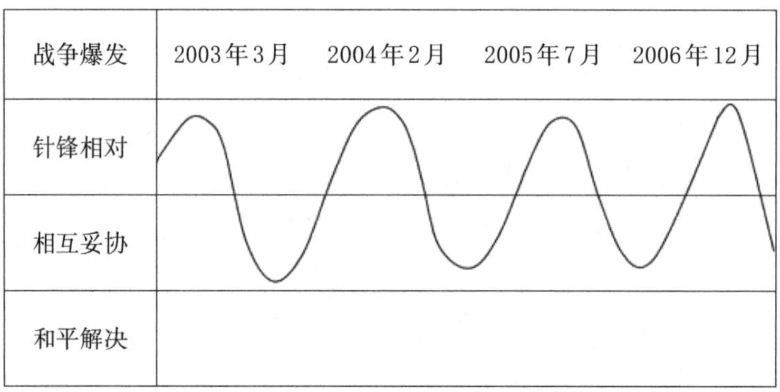

图5-2 六方会议时间会谈的作用

图5-2三条横线间隔出四个区域，从上到下依次代表战争爆发、针锋相对、相互妥协以及和平解决四种情况。曲线代表危机走势。曲线超出最上方的横线，进入战争爆发区域，则危机最终转化为战争，管理失败；曲线超出最下方的横线，进入和平解决区域，则危机管理成功。曲线上升代表危机升级，曲线下降代表危机降级。由图5-2清晰可见，危机爆发伊始，双方互不相让，处于针锋相对区域。随着第一轮六方会议的召开，双方增进了沟通与理解，危机走势也由原来的针锋相对转向互相承诺，并都同意做出一定妥协。好景不长，由于美国宣布停止援建轻水反应堆，双方局势再度恶化，危机又呈现升级态势。依此类推，图5-2中共描述了四组

由升级转为降级的转折，而转折点分别为第一轮六方会谈，第二、三轮六方会谈，第四轮六方会谈以及第五轮六方会谈第二、三阶段。由此可见，危机发展过程中的每一次转折几乎伴随着六方会谈的身影，六方会谈具有缓和美朝矛盾、遏制危机升级的显著作用。

2. 提供沟通平台，加强他国参与

21世纪以来，全球化趋势明显。全球化背景下的危机管理也呈现出了显著的时代特色，具体来说，就是拓展博弈方的数量和参与度显著增加。朝鲜核危机关涉重大，处置不当则会严重影响半岛乃至亚太地区的和平稳定。中、韩、日、俄等国都对危机的和平解决有所诉求，所以希望积极参与到危机管理过程之中。六国会谈为上述四个拓展博弈方的参与提供了一个稳定有效的平台，这是其另一个重要作用。

以韩国为例，韩国与朝鲜同处朝鲜半岛，并不希望危机导致半岛动荡，影响自身发展。因而，韩国在危机中提出了许多有利于朝鲜的建议，不仅平复了朝鲜情绪，还对美国的决策产生了一定的积极影响。众所周知，韩国是美国盟友，理应偏向于美国一方。假使韩国单独与朝鲜接触，并提出倾向于朝鲜的建议，则有可能引起美国猜忌，影响美韩关系，这是韩国绝不想看到的局面。六方会谈这一谈判机制的建立恰巧迎合了韩国需求。六方会谈将美朝双边谈判转化为六国对话，共同商讨解决之道。在讨论过程中提出的意见灵活性较大，可以随时讨论更改，不会引起美国的反感。正是借助于六方会谈，韩国能够大胆地直抒胸臆，从而为缓解危机发挥了应有作用。

三、缓冲型拓展博弈方的优势

本书第三章中，从博弈方角度出发，将拓展分为缓冲型拓展和强化型拓展。第二次朝鲜核危机正是缓冲型拓展的典型案例。以中国为代表的四国，依托六方会谈这一谈判机制，对核心博弈方进行了劝说，并通过努力使核心博弈方走到了谈判桌前，避免了武装冲突的爆发，为缓解危机做出了贡献。结合这一案例，可以总结出缓冲型拓展博弈方的优点。

（一）增进核心博弈方的沟通交流

由于核心博弈方在危机中的矛盾冲突直接且尖锐，所以双方很难平和地进行沟通交流。缓冲型拓展博弈方能够有效地增进核心博弈方的沟通交流。例如第二次朝鲜核危机中，朝鲜与美国交流有限，冲突较为激烈。中国提议展开六方会谈，利用这一谈判机制，不仅给朝鲜和美国提供了直接对话的平台，更是通过这种多边会谈的方式，缓和了双边谈判时剑拔弩张的气氛，从而为危机的缓解提供了助力。

（二）有效缓解双方的激进情绪

国家危机的决策时间紧迫，往往给核心博弈方的决策者带来很大压力。有时，巨大的压力会导致决策者情绪激动，应对方式较为激进，从而导致危机升级，局面失控。缓冲型拓展博弈方能够有效地缓解决策者的激进情绪。缓冲型拓展博弈方的目标是维护和平，所以其会通过外交等手段对核心博弈方进行规劝和开导。规劝和开导的过程能够帮助核心博弈方恢复理智，从而做出更为清醒的决策，这无疑避免了激进情绪导致的危机升级，为缓解乃至和平解决危机做出贡献。

第二节　伊朗核危机案例解析

伊朗核危机同第一次朝鲜核危机有着相似的特点，均是核武器研发问题导致危机爆发，其中的博弈一方均为美国，持续时间都相对较长，在博弈过程中，局势也都出现了多次反复。但两者也有不同之处，如果说引导第一次朝鲜核危机走势发展的主要是利益要素，那么伊朗核危机的升级、降级更迭则更多是受到拓展博弈方的影响。

一、危机背景

（一）美国角度

伊朗核问题近年来始终困扰着以美国为首的西方各国，殊不知为伊朗核武器计划播撒第一粒种子的正是美国。20世纪60年代，美国与苏联的东西对立构成了两极世界秩序。考虑到伊朗在中东具有重要的战略价值和能源价值，加之当政的巴列维王朝一贯秉持亲美态度[①]，美国艾森豪威尔政府对伊朗的发展提供了巨大支持，1957年，美伊双方签署协议，美国为伊朗提供核技术，这也成为未来数十年伊朗当政者始终想要发展核武器的原始动因。

然而，由于伊朗人质危机以及两伊战争，伊朗同美国的关系变得较为恶劣。随着伊朗核计划的稳步进行，美国对其越来越担忧，并一直对伊朗采取“遏制”政

① 美国帮助巴列维王朝解决了1946年的撤军危机和1953年的摩萨台政变危机。

策。2002年，小布什在国情咨文中首次提出了“邪恶轴心”的概念，并将伊朗、朝鲜和伊拉克列入了首批名单①。其深埋的祸乱之种逐渐浮出水面。

（二）伊朗角度

两伊战争结束后，伊朗决定重启中止的核计划。当时伊朗与美国的关系已经变得十分恶劣，所以伊朗选择了仅次于美国的另一核强国——俄罗斯为合作伙伴。俄罗斯需要在中东有一个稳定盟友，方便其介入中东局势，防止美国掌控中东局势进而掌控石油资源。伊朗需要一个有经验与技术实力的强国帮助其开展核计划。于是双方一拍即合，于1991至1995年就有关核问题展开了一系列核技术合作，仅1995年一年就签订了包括俄罗斯援助伊朗建设四座轻水反应堆，在布什尔建设两座核电站以及为伊朗提供核燃料等协议。

随着伊朗核计划的稳步进行，美国的干涉与制裁行为日益加剧。然而，这种行为不仅没有给伊朗造成任何限制，反而产生了反作用。一方面，伊朗与美国的关系更加恶化，双方的“敌对意象”更加凸显；另一方面，伊朗有了深深的危机感，害怕成为下一个伊拉克。以上两点更加坚定了伊朗实施核计划，尤其是研发核武器的决心，双方的矛盾进一步激化。

二、要素拓展内容及分析

本节运用要素拓展理论分析伊朗核危机。首先确定危机中的核心博弈方。同其他危机相比，伊朗核危机有一个较为特殊的地方。危机爆发初期，美国和伊朗并未直接展开博弈。当时，美国确有通过军事打击限制伊朗发展核武器的预案，然而并未执行。有学者通过比较研究乌西拉克反应堆空袭事件和此次危机，得出了美国军事打击会付出高昂代价的结论②。另有学者认为，军事打击不仅难以起到应有作用，反而会坚定伊朗的决心③。因此，美国借助国际原子能机构对伊朗进行试探。但是，本次危机中进行博弈的主体是美伊两国，国际原子能机构可以视为美国的代言人，所以危机中的核心博弈方仍然是美国和伊朗。危机中的核心利益十分明确，就是伊

① 晁根芳．国际法地位与作用[J]．中国市场，2006（8）．

② Patrick Clawson. How to Rein in Iran without Bombing it [J]. Los Angeles Times, October 15. 2004.

③ Michael Eisenstaedt. The Challenges of U. S. Preventive Military Action [M]. in Patrick Clawson and Henry Sokolski eds., Checking Iran's Nuclear Ambitions Carlisle, PA: Strategic Studies Institute,2004.

朗开发核武器这一问题。

接下来探讨危机中的拓展要素。伊朗核危机中，利益这一要素的拓展程度不高，双方始终围绕核心利益——伊朗的核武器开发问题展开博弈。危机中，伊朗坚持不与美国直接对话，而是借助同英、法、德、俄的谈判表明自身态度。拓展博弈方在本次危机中的参与程度较高、数量较多，起到了较大的作用。要素拓展后的博弈情况如图5-3所示。

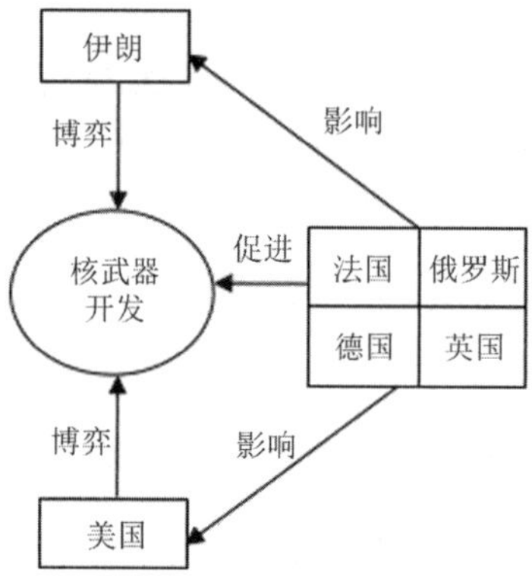

图5-3 伊朗核危机的博弈情况

由图5-3可见，伊朗核危机中，以欧洲强国为代表的拓展博弈方在危机管理过程中参与程度较高，对危机走势产生了实质性影响。其中，英、法、德、俄四个国家的参与程度都较高，所以占据了同样的面积，下面就对这些拓展博弈方的作用进行详细探讨。

（一）欧洲三国参与情况及分析

1. 欧洲三国参与情况

危机爆发后，美国借助国际原子能机构率先出牌，要求对伊朗进行核查。为了应对这一局面，伊朗采取了较为灵活的处置方式，将欧洲三国引入危机之中，使其成为拓展博弈方，从而获得一定主动，避免受制于美国。

2003年7月，伊朗副总统阿加扎德出访俄罗斯。访俄三个月后，伊朗邀请英、法、德三国外长访伊①。借助这个机会，伊朗公开宣布签署《不扩散核武器条约》的附加议定书，以此来应对美国的质疑。这一处置措施十分得当，可谓软硬兼施。其妥协之处在于，一方面伊方同意签订《不扩散核武器条约》的附加议定书，并主动同英、法、俄、德四国建立联系，表明自身的立场与态度并非强硬到底；另一方面，伊朗在妥协的同时也保持其坚定立场，在与强国开展外交的时候，坚决不同美国有任何

① 俄罗斯和伊朗举行会晤，双方愿以谈判解决核问题[R/OL]. 新华网，（2006-09-26），http://news. sohu. com/20060926/n245548099. shtml.

直接的来往，仅仅是通过与其他强国的共同声明表明自身的态度。而且，在同意签署条约的同时，伊朗坚持自身具有和平利用核能的权利，并且在整体采取合作的同时，也通过一些方式与美国讨价还价，要求在公平及相互尊敬的环境下解决问题。

危机平复不久，卡迪尔·汗承认向伊朗透露了核武器技术。美国趁机发难，导致危机出现了第一次反复。这个时候，欧洲三国又一次站了出来。为了避免冲突进一步激化，英、法、德三国就相关问题与伊朗展开了谈判，并最终达成了《巴黎协议》。在《巴黎协议》中，伊朗承诺停止铀浓缩这一制造核武器的关键活动，而英、法、德三国则同意向伊朗提供轻水反应堆及相关的核能利用技术。尽管有所迟疑，但双方最终仍然履行了《巴黎协议》的内容，伊朗核危机的第一次反复得到了有效控制。

2005年6月25日，内贾德当选伊朗新一任总统。上台伊始，内贾德就展现出了强硬作风。“他重启位于伊斯法罕的铀转化设备，宣布伊朗在考虑石油领域的对外合作时，对方在伊朗核问题上的态度将起决定性作用①。”这位保守派领袖的态度强硬，危机再起波澜，出现了第二次反复。

面对危机的又一次反复，欧洲三国做出了新的努力。2005年8月5日，英、法、德三国出台了解决伊朗核问题的具体措施，包括“承认伊朗具有和平利用核能的权利，但督促伊朗放弃自建核反应堆的努力，包括与铀浓缩有关的一切活动，改由他国提供核燃料，以此来确保其核研究不会用于军事目的②”。这一提议显然超出了伊朗的底线，所以遭到了内贾德的强烈反对。他在谴责欧盟提议的同时，毅然重启了铀浓缩设备。这一举措使得局势迅速升温，美、英、法、德、俄以及以色列等国都不同程度地表示了担忧和不满。对伊朗更为不利的是，其对欧盟提议的拒绝推动了欧盟向美国阵营靠拢，伊朗陷入了被动局面。

由于内贾德的严词拒绝，欧盟逐步倒向美国。2006年1月12日，欧盟提出要把伊朗核问题提交联合国安理会裁决，这一举措代表着欧盟放弃了居中调和，站到了伊朗的对立面。英、法、德三国的态度转变对内贾德政府是严重的打击，使伊朗在危机中的弱势地位更加凸显。

2. 欧洲三国作用分析

尽管此次危机发生在美洲国家和亚洲国家之间，但是以英、法、德三国为代表的欧洲国家却参与了危机始终，并且对危机的走势起到了很大的影响。

欧洲三国的态度在整个危机发展过程中出现了明显的变化趋势，以内贾德上台并明确

① 徐辉．国际危机管理理论与案例解析[M]．北京：国防大学出版社，2011.

② 李延长．后冷战时期俄罗斯的中东政策与个案分析[D]．西安：西北大学，2011.

拒绝欧洲的提议为分界线。在第一阶段，欧洲起到了很好的缓冲作用。欧洲三国采取的一致政策为：在确保伊朗不能开发核武器的前提下，协助解决美伊纠纷，保证伊朗的国土安全，避免美国对伊朗实施制裁，从而避免美国继续加强其中东存在，控制石油等资源。这一阶段，欧洲三国在美伊双方之间积极斡旋，对美国来说，盟友国家的努力和参与使其暂时居于幕后，如果欧洲三国能够说服伊朗放弃核计划，则美国也乐享其成。

对伊朗来说，欧洲三国同邪恶的美国不同，是可以坐下来共同协商的对象，而其借助《巴黎协议》等一系列协议，既能向世界展示出积极解决问题的态度，又能达到拖延时间的目的。所以这一阶段冲突较少，危机在起伏发展中整体呈现降级趋势。这一阶段，欧洲三国居中调和，作用明显。

在第二阶段，欧洲的立场有了显著转变。一方面，尽管伊朗方面展现出了一定的配合态度，但其核武研发问题仍然没有得到有效解决，事件久拖未决，令三国失去耐心；另一方面，内贾德的当选令三国感到协商解决问题的希望渺茫，其一贯展现出的强硬态度以及明确拒绝欧洲提出的协议等行为，促使欧洲三国立场倒向了美国。本阶段，欧洲基本与美国步调一致，强制性要求伊朗终结一切铀浓缩活动，并支持美国将这一问题提交联合国解决。这一阶段，欧洲三国在美伊两者中选择了盟友国家美国，因为当问题无法解决的时候，两害相较取其轻。与美国加强中东存在相比，伊朗拥有核武器是三个国家更加不能接受的结果。假设事情继续拖延下去，那么伊朗拥有核武器几乎就成为既成事实，不符合三国利益。而反之则不然，美国找到借口制裁伊朗，也并不一定就能达成其加强控制中东地区的目的，具有多种可能性。所以，综合以上分析，欧洲三国究竟该如何取舍自然一目了然。

（二）俄罗斯参与情况及分析

1. 俄罗斯参与情况

俄罗斯是伊朗核计划的主要支持者，也是伊朗计划执行过程中最重要的援助者，所以其立场至关重要。

危机伊始，俄罗斯成功劝说伊朗在危机中做出让步。俄原子能部长称，其与伊朗将要签订核废料返还议定书，并很有可能在月内完成。在俄罗斯与欧洲三国的共同努力下，伊核危机出现了转机，形势向好的方向发展。2003 年 11 月 8 日，伊朗政府宣布停止铀浓缩活动。2003 年 12 月 18 日，伊朗签署《不扩散核武器条约》的附加议定书[1]。之后，伊朗遭受巴姆大地震的袭击，美国政府宣布放宽部分制裁，甚

① 李生荣．是和平还是危机：论伊拉克战争后的国际局势[J]．延安教育学院学报，2004（01）．

至帮助伊朗进行重建，伊核危机日趋和缓，各国都对这一危机的和平解决充满希望，清晰地看到了曙光。

然而好景不长，稍有平息的危机又因为“核弹之父”卡迪尔·汉被捕及其连锁事件重起波澜。在内贾德上台后，矛盾更加激化，危机出现了反复。这次反复使危机的解决难度陡增，主要由于两个变化。一方面是内贾德态度强硬，难于妥协。更重要的是，俄罗斯态度发生了转变，由居中调停为主变为旁观为主。2005年11月10日，美国提出新的建议，允许伊朗在本国从事数量极为有限的核活动，但所有铀浓缩程序将移至俄罗斯进行[①]。伊朗几乎未加考虑就予以拒绝。同年12月24日，俄罗斯正式向伊方提出了同样的建议，但伊方不为所动，依然强硬地予以回绝[②]。如果说伊朗第一次对美国的回绝理由还算充分，毕竟在美国提出提议不久，伊外长就证实这一提议并非由俄罗斯提出，那么伊朗第二次对于俄罗斯正式提议的回绝则显得过于强硬。由于这次不愉快，俄罗斯对伊朗的态度发生了明显转变。在2006年1月16日举行的“伊朗核问题六方会谈”中，俄罗斯与其他五方达成共识，要求伊朗尽快停止核研发，并在之后的数次联合国决议中展现出中立态度，对伊朗的支持力度明显下降，甚至有时还会倾向于美国，帮北约国家说话。随着俄罗斯的态度转变，双方的决策与行动有了明显变化。美国的态度变得十分强硬，提出对伊朗进行军事制裁，并通过媒体放出了对伊朗进行军事打击的计划。伊朗则不得不表现出妥协态度，对六国方案做出答复，同意与联合国进行对话。

2. 俄罗斯作用分析

同欧洲三国类似，俄罗斯也出现了明显的态度转变，其作用同样可以分为两个阶段。第一阶段从危机爆发到伊方回绝俄罗斯的正式提议为止，这一阶段俄罗斯主要起到平衡核心博弈方力量、缓解双方冲突的作用。危机爆发之初，俄罗斯采取了一系列行动，使伊朗做出了妥协，并签署了《不扩散核武器条约》的附加议定书，实现了危机的有效控制，其缓和作用可见一斑。同时，俄罗斯作为伊朗的核计划协助者，在危机前期始终站在伊朗一方，不同意美国对伊朗采取制裁手段，力主和平解决危机。这一表态一定程度上弥补了伊朗在力量对比中的弱势地位，也发挥了一定的积极作用。第二阶段始于内贾德拒绝俄罗斯的提议。内贾德的强硬态度令俄罗斯不满，所以俄罗斯的立场逐渐由倾向于伊朗转向中立。一方面，俄罗斯担心美国

① 徐辉．国际危机管理理论与案例解析[M]. 北京：国防大学出版社，2011.

② 伊政府发言人伊尔哈姆称，在伊境内进行铀浓缩活动是伊在核问题上的原则立场，任何提议都应以这一立场为基础，对俄罗斯提出的提议，伊朗会以同样的态度对待。

将伊朗变成第二个伊拉克，进而掌控石油市场，对俄罗斯形成威胁；另一方面，俄罗斯也不愿意让伊朗真正掌握核武器。综合考虑之下，俄罗斯选择了中立立场。这一阶段，俄罗斯发挥的作用明显下降，对危机影响力锐减。

三、强国的优势

本书第三章中将拓展博弈方的种类分为利益攸关国、强国和国际组织等。伊朗核危机中，拓展博弈方包括俄、英、法、德四国。这四个国家都属于世界强国，所以，伊朗核危机是强国介入的典型案例。结合案例分析，可以尝试总结强国作为拓展博弈方时具有的优势。

（一）对核心博弈方的影响力较强

由于强国具有较强的综合国力，其影响力也较强，能够对核心博弈方的决策带来实质性影响。例如伊朗核危机中，美国本来准备将伊朗开发研制核武器提交联合国讨论，但由于英、法、德、俄四国的影响，美国改变了想法，决定暂缓提交申请，这也为双方的谈判留下了余地，避免对伊朗的刺激过大，使危机迅速升级。由此可以看出，强国对核心博弈方有着较强的影响力，哪怕是美国这样的顶级强国也会受到强国类型的拓展博弈方的影响。

（二）蕴含潜在的拓展利益

强国具有较强的军事、政治、经济实力，这就决定了其承诺对于核心博弈方来说具有一定的吸引力，可以成为利益拓展的一个方向。伊朗核危机中，英、法、德三国承诺向伊朗提供核燃料以及利用核能的技术。在得到了三国的承诺后，伊朗承诺中止其核武开发活动（相关内容见本节第三小节）。伊朗的承诺无疑缓和了危机的对抗性，并展示出可以通过协商解决问题的态度。正是由于英、法、德三国属于强国，具有先进的核能利用技术，其可以通过这种承诺换承诺的方式对核心博弈方施加影响，以达到促进危机和解的目的。

第三节　海湾危机案例解析

1991年2月28日，海湾战争落下帷幕。仅仅42天，萨达姆和他的军队就一败涂地，这也成为信息化战争的典型案例。在宣布无条件接受联合国安理会“660决议”

的时候，萨达姆或许会后悔没有好好利用1990年8月至1991年1月的这半年时间，后悔在海湾危机爆发的时候，没有进行有效的管理危机，而使国家遭受重创，使自身走上了末路。

一、危机背景

1990年8月2日，伊拉克军队入侵科威特，并成功占领科威特。之后，伊宣布将科威特吞并，将其变为第19个省。这一事件引起轩然大波，各国纷纷对伊拉克表示谴责，美国政府更是迅速做出了出兵决策，战事一触即发，海湾危机就此爆发。

对伊拉克来说，入侵科威特有着双重意义。其一，缓解了伊拉克国内的经济危机。由于两伊战争的消耗，伊拉克的经济遭受重创，国内民众对萨达姆政府表示了强烈的不满。萨达姆试图通过提高石油价格的方式缓解国内危机，却遭到了包括科威特在内的其他中东产油国的反对与抵制。因此，萨达姆选择了依靠侵略掠夺财富，而弱小却富裕的近邻科威特无疑是最好的选择。其二，侵略科威特也可以起到震慑其他阿拉伯国家，掌控海湾地区话语权的作用。尽管两伊战争给伊拉克的经济造成了创伤，但同时使其军队从装备到经验有了较大程度的提高。坐拥中东地区屈指可数的军事实力，伊拉克通过这种方式彰显国家的武力，可以在海湾地区获取更大的话语权，为实现萨达姆称霸海湾地区的野心打下坚实基础。

对美国来说，伊拉克侵占科威特是一个很好的契机。当时，布什政府提出了所谓的"建立新秩序"的主张，而海湾危机则被其视为最佳的机会，可以实现美国的四个目的，即"确立美国的领导地位、建立美国及其价值观主导下的世界新秩序、防止出现类似苏联的新对手以及设法解决地区冲突和不稳定的根源①"。作为世界上军事实力和经济实力最为强大的国家，美国对石油资源的依赖同样无比巨大。美国一直希望有机会进驻中东，掌控该地区，从而获得大量的资源和人力。一旦达成这一目的，不仅解决了美国的国内能源问题，还可以通过调控石油价格等手段限制俄罗斯、中国等国家。伊拉克入侵科威特无疑是这样的契机，因此，在双方的不同图谋与利益需求下，海湾危机爆发并很快升级成为一场战争。

二、要素拓展情况及分析

（一）要素拓展情况

本节首先运用要素拓展理论对海湾危机进行分析。海湾危机的核心博弈方是美

① 军事科学院军事历史研究部．海湾战争全史[M]．北京：解放军出版社，2000.

国和伊拉克，核心利益是伊拉克侵占科威特这一事件。美伊双方就撤军问题展开的博弈构成了海湾危机的主体。

接下来研究危机中的要素拓展情况。本次危机中，利益要素的作用并不明显，并没有对核心博弈造成过多影响，可以忽略。本次危机中的拓展博弈方则数量众多，影响力较大，在危机的整个博弈过程中都发挥了重要作用。海湾危机中的拓展博弈方包括以英、法、日为代表的美国盟国，以中、苏为代表的中立强国，以埃及、沙特阿拉伯、约旦等为代表的阿拉伯联盟国家。各方博弈情况如图5-4所示。

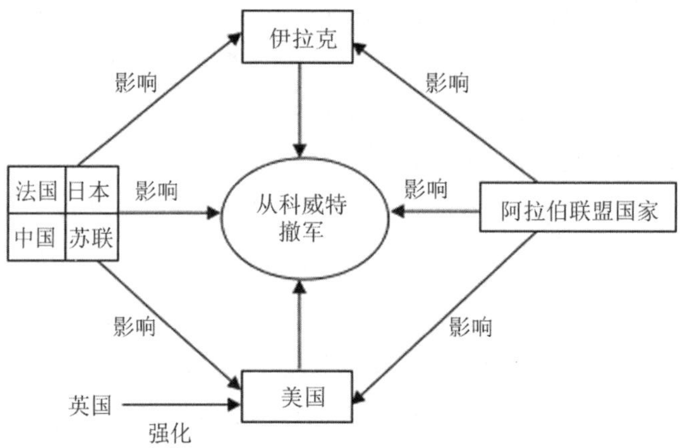

图5-4 海湾危机的博弈情况

由图5-4可见，本次危机中，拓展利益对核心博弈几乎没有影响，而拓展博弈方的作用巨大。其中，法、中、苏、日等国和阿拉伯联盟国家都对核心博弈有所影响。英国在问题开始就与美国站在同一战线，在危机中起到了强化美国力量的作用，没有对核心博弈直接施加影响。

在分析拓展博弈方之前，先对拓展利益进行简要分析。利益要素在本次危机中发挥的作用很弱。因为同常见的国际危机相比，海湾危机具有特殊性，即博弈的其中一方并不以安全解决危机为主要目的。美国的目标并不是常规的在和平的基础上获取最大利益，反而希望危机升级为战争，并以此为借口实现其更大的野心。1990年5月初，白宫就收到了来自中情局的一份情报，认为伊拉克有很大可能入侵科威特，但是没有引起政府重视。美国大使对伊科冲突的看法更加清晰地表达了这一观念。其回答中包括“我们不作评论”“在这个同美国无关的问题上不表态”等言论[①]。当核心利益对一方丧失吸引力的时候，拓展利益所能起到的作用就更显微乎其微。

① 萨林 · 杰尔. 美国为伊拉克入侵科威特开了绿灯[J]. 编译参考，1991（6）.

1990年8月12日，萨达姆提出了解决海湾危机的建议，他将以色列撤出其侵占的阿拉伯领土作为解决危机的主要条件。这是一次对利益的拓展，将危机中涉及的矛盾争端范围扩大，由海湾地区争端拓展至阿以争端。然而，美方对此提议未加思考地予以了回绝。从美国的态度可以看出，美国在本次危机中并不看重利益争夺，利益拓展及博弈很难发挥其应有作用。

在简要分析了拓展利益的情况之后，接下来着重分析拓展博弈方在危机中起到的作用。

（二）博弈方拓展参与情况及分析

对危机案例进行深入分析，我们不难看出，在危机管理过程中，美国的决策与其说是为了赢取核心博弈的胜利，让伊拉克无条件退兵，不如说是为了最大程度地获得政治合法性，获得拓展博弈方的支持，从而实现出兵伊拉克的目的。由此可见，拓展博弈方在海湾危机中占据着十分重要的地位和作用。它是制约美国出兵的最佳途径，是伊拉克的救命稻草。

1. 拓展博弈方参与情况

英国是海湾战争中美国最坚定的盟友，始终紧紧追随美国的步伐。1990年8月3日，撒切尔夫人宣布冻结伊拉克在英资产，之后更是积极配合美国行动，在联合国决议未做出明确指示的情况下派遣军舰和兵员前往中东，与美国组成联军，时刻做好交战准备。纵观海湾危机始终，英国都是美国的坚定拥护者，不仅在联合国的投票上与美国保持一致，更是出动了除美国外兵力最多的4.2万人大军，在危机初期就表示了对军事制裁的赞同与支持。

法国同样是美国的坚定盟友，但在这次海湾危机中，法国却与美国有了很大的分歧。法国总统密特朗始终尝试寻找非军事解决途径，他不仅派遣相应官员赴中东24个国家进行协调，本人更是直接发声，呼吁伊拉克给和平留一个机会。他于联合国第45届大会上发表讲话，提出了自己的解决方案。为了让自己的解决方案能为阿拉伯国家所接受，密特朗总统更是亲自出访海湾地区，宣扬和平解决海湾问题的方案与主张。然而，1990年9月14日的人质绑架事件却使法国的态度发生了一些转变。1990年9月14日，萨达姆下令伊军包围多国使馆，将其工作人员绑架为人质，这其中就包括法国。所以，尽管法国在危机中一直与美国意见相左，更被其称为“最不靠谱的盟友”，但在最终仍然同意出兵伊拉克的决定，并派遣部队加入盟军。

日本进口的石油中很大部分都来自海湾地区，所以日本最为担心的就是海湾地区动荡，导致石油供应出现问题。但日本又在第二次世界大战中遭受了重创，需要美国为其提供保护。因此，由于这种独特的利益需求，日本在政策上体现为两者兼顾。一方面，日本表示出对美国的大力支持，承诺一旦开战，为盟军承担大量的军费开支。战争结束后的统计也表明，日本是海湾战争中提供经济支援最多的国家。另一方面，日本也积极进行政治斡旋。1990年10月2日，日本首相海部出访中东，并在出访过程中约见了伊拉克第一副总理拉马丹。海部在会见拉马丹时着重强调，危机必须以和平方式予以解决。

苏联始终坚持和平解决海湾问题，不赞成通过武力实施制裁。一方面，伊拉克入侵科威特是侵略事件，中国与苏联都表示了对侵略的反对。另一方面，中苏明确表示反对美国的军事行动，提出用政治手段解决危机。苏联主张在区域内解决争端问题，即阿拉伯半岛的争端由阿拉伯国家共同商讨解决，而不希望美国这个外来者强加干预。1990年8月17日，戈尔巴乔夫发表讲话，指出苏联“指望阿拉伯国家及其地区组织的明智与责任感，指望联合国和安理会行使权力”“打算仅在集体调解冲突的范畴内行动，主张用政治方法使这一事端不致发展成危险的军事冲突”①。然而，在危机后期苏联的立场也出现了动摇，对美国采取了默许的态度。苏联的态度转变有两方面原因：一方面，美国对苏联展开了外交攻势。美国在该时期对于波罗的海三国同苏联的争斗表示沉默，以讨好苏联。另一方面，美国还安排双方官员多做接触。例如鲍威尔就在布什总统的安排下陪同苏总参谋长米哈伊尔·莫伊谢耶夫在美国各地游玩。此外，萨达姆的冥顽不化也带来一些负面效应，尽管萨达姆有意借助苏联与美国对抗，并也在几次对话中表示出对苏联的尊重，但是对于苏联的劝说，萨达姆却没有任何行动上的反馈，而是固执地坚持自己的意见。在这双重因素的推动下，苏联对美国的军事行为表示了默许。

中国的态度同样十分鲜明，始终强调和平解决争端。海湾危机爆发以来，中国迅速做出反应，派遣时任外长钱其琛出访埃及、沙特阿拉伯、约旦、伊拉克四国。在同约旦外交大臣马斯里会谈时，钱其琛说：“这次访问要探讨和平解决危机的可能性。有两条，世界看法是一致的：伊拉克入侵科威特违反国际关系准则，同伊拉克友好的国家也不能为其辩解；再有，几乎所有国家都不主张动武。”②中国的立场十分鲜明，对于伊拉克入侵科威特表示反对，对于武力解决危机同样表示反对。

阿拉伯国家的态度则呈现出复杂多变的特点。在初期，阿拉伯国家同样提倡和平解决危机。阿拉伯国家与以色列的对抗旷日持久，并对美国始终保持警惕，对于美国介入中东地区持反对意见，强调自己解决争端问题。

① 军事科学院军事历史研究部．海湾战争全史[M]．北京：解放军出版社，2000.

② 郑达庸．海湾战争前夕钱其琛出访中东四国纪实[J]．党史博览，2013（6）.

为了解决争端，阿拉伯国家领导人纷纷提出自己的解决方案。例如约旦国王侯赛因在多方之间积极展开斡旋，提出了解决方案，包括“1. 伊拉克军队和外国军队同时从科威特地区和海湾地区撤出；2. 组建阿拉伯部队进驻科威特；3. 伊拉克和科威特举行谈判，在一年内解决他们的分歧[①]”。巴解组织领导人阿拉法特先后两次提出和平解决方案，利比亚领导人卡扎菲也先后两次提出方案，在他的“2点和平方案”遭到拒绝后，又提出了更为具体的“7点和平建议”。摩洛哥国王哈桑二世邀请约旦国王侯赛因和阿尔及利亚总统沙德利会晤，并提出了“妥协方案”。这些方案都因为种种原因未能得到广泛认可，例如阿拉法特的方案包括将解决科威特问题同解决巴勒斯坦问题联系起来，卡扎菲的方案中涉及将科威特部分领土割让给伊拉克等。但这些方案无疑显现出阿拉伯国家对于和平解决海湾问题所做出的努力。另外，尽管这些方案各有倾向，内容不尽相同，但有两点得到了一致认同，并几乎出现在每一个方案之中。一是强调伊拉克军队全部撤出科威特，二是强调非阿拉伯军队迅速撤出海湾地区。其中第二点无疑表明，阿拉伯国家不欢迎西方国家的介入，渴望在阿拉伯世界内部和平解决问题。

在布什政府的努力下，阿拉伯国家的立场相继发生了变化。1990年8月6日，沙特法赫德国王做出决定，同意美军进驻沙特。8月10日，阿盟国家召开紧急会议，并最终通过了允许外国军队进驻海湾地区的提议[②]。阿盟国家的立场变化对海湾危机的走势有着重要影响，这一变化主要有以下三方面原因：

一是阿拉伯世界内部对于这一事件的看法本就不统一，在萨达姆一味示强之后，担心自身受到侵害的阿拉伯国家还是接受了对伊实施军事制裁的选项。

二是美国外交工作所带来的成果。美国的目的就是与伊拉克开战，并通过这场战争实现其介入中东的企图，所以美国对阿拉伯国家的拉拢显得十分重视。美国最初的工作重心是取得沙特的信任与支持。在1990年8月2日的集会之后，布什就指示斯卡克罗夫特将美国的相关计划详细地对沙特驻美大使做了汇报，并让其回国说服法赫德国王。8月4日，戴维营会议刚刚结束，布什总统第一时间和法赫德国王通了电话，不仅详细地描述了美国的计划，还强调了沙特所面对的威胁，8月5日，布什总统派遣切尼率领代表团出使沙特，在连续的说服和努力下，美国终于得到了法赫德的首肯，同意其在沙特驻军，为沙特提供护卫力量。在说服了沙特国王法赫德之后，布什决定趁热打铁，派遣国防部长切尼继续前往其他中东国家，争取更多的美国盟友。除了与伊拉克关系匪浅的约旦，包括叙利亚在内的阿拉伯国家最终都

① 军事科学院军事历史研究部．海湾战争全史[M]. 北京：解放军出版社，2000.

② 徐辉．国际危机管理理论与案例解析[M]. 北京：国防大学出版社，2011.

同意给予美国支持。为了说服中东国家，美国也付出了一定的代价，不仅多次派重要官员前往中东游说，还提供了一系列的补偿。包括承诺取消埃及拖欠美国的70亿美元欠款，对叙利亚用武力解决黎巴嫩基督教奥恩武装持默许态度，承诺说服盟国拿出资金补偿土耳其的经济损失等。美国的这一系列实质性承诺为其外交提供了巨大帮助，也说明了美国实施战略的决心之坚定。

三是，萨达姆的强硬立场带来了负面效应。在危机发展进程中，许多阿拉伯国家都对萨达姆提出了劝告，希望他能够以大局为重，不要令海湾地区陷入战火之中。其中最典型的例子就是，在海湾危机发展的紧要关头，就连与伊拉克长期不和的叙利亚都加入了劝说国家的行列，其总统阿萨德亲手写了一封信给萨达姆，奉劝他从科威特撤军，做出海湾地区都期待的这一勇敢的行动。然而，萨达姆的回信令事情变得不可逆转，他说："伊拉克的第19个省将成为使阿拉伯民族的人民获得解放的战场。"①

2. 拓展博弈方作用分析

本次危机中涉及的国家众多，除去直接展开博弈的美伊两国，还有三部分具有较大影响力，可以视为重要要素的部分。第一部分是以西欧国家为代表的北约盟国，第二部分是以沙特阿拉伯、埃及等国为代表的阿拉伯联盟国家，第三部分是以中国、苏联为代表的具有较大影响力的世界强国以及联合国这样的国际组织。

其中，北约盟国这一部分决定了盟军的力量与规模。对于美国来说，伊拉克的侵略正是其进驻中东的最佳机会，因此，布什总统才决定出兵海湾。但是，布什总统也有顾虑，越战失利的阴影仍然笼罩在美国上空，从国民到议员，反战的声音无处不在。加之当时伊拉克号称"打赢了"两伊战争，并且在国际舆论中其也被认为是"世界第四大军事强国"，这些都让布什总统顾虑重重。因此，在危机初期，布什政府就做出了一项重要决策，尽量争取更多的盟友加入对伊拉克的讨伐。对英法等盟国，美国决定尽量争取兵力支援，对日本等无法直接出兵的盟友，则争取经济援助。之后，美国通过一系列的手段拉拢盟友，最终组成了76万联盟军，将战争对美国的风险降到了最低，同时平复了国民的情绪。

阿拉伯联盟国家则决定了伊拉克的抵抗规模与力量，同时决定了远土作战的美国是否能够获取实施战略的地缘条件。众所周知，阿拉伯国家和以色列之间有着多年恩怨与强烈的敌对情绪，而以色列最大的支持者美国也一直遭到阿拉伯国家的敌视。如果美国忽视阿拉伯国家的情绪而直接发兵中东，则阿拉伯国家一定会极力反对，从而为美国的计划增添阻力。另一方面，沙特阿拉伯在美国的计划中占据着重

① 张相元，王勇，胡东华. 海湾战争纵览[M]. 北京：海潮出版社，1992.

要地位。1990年8月2日，布什召开国家安全委员会会议，会上一共提出了两种方案。其中第二种方案，也就是保卫沙特的“90-1002”计划受到了大家的一致赞同，这一计划未能当即确立，关键就在于其有一个巨大的制约因素——沙特阿拉伯的态度。“该计划需要从诸军兵种中调集10万—20万军事人员到海湾，这需花费几个月时间，而要完成这一计划，有赖于沙特或其他某个海湾国家提供一系列的军事基地，如果没有这种密切配合，美军出动地面部队则无从谈起。而从过去阿拉伯国家一再拒绝的情况看，这种提供军事基地的可能性微乎其微。”①正是因此，布什政府在第一时间就开展了联系沙特阿拉伯政府的工作，并成功说服了国王法赫德，保证“沙漠盾牌”行动得以顺利实施。

强国及国际组织这一部分的实际参与程度不如前两者，但作用同样不可小觑，因为这一部分决定了国际舆论，决定了博弈双方在危机中的形象，也决定了可能发生的战争的正义性问题。美国在1990年8月2日做出的一项决策是迅速将伊拉克入侵科威特的事件递交联合国安理会讨论，希望联合国做出制裁的决定，从而为接下来的一系列外交军事行动提供更大优势。

总的来说，这三部分重要要素对危机都有着一定的影响力，对美国来说，是其战略决策能够实施的根本保障；对伊拉克来说，则是其获取和平的最佳途径。

3. 拓展博弈方对危机走势的影响

每当谈及萨达姆，人们最常提及的词就是独裁、自大，当然，还有错误。伊拉克前新闻部长说“萨达姆犯了战术性错误”。中国著名学者张召忠说“萨达姆犯了一个战略性错误”，也有的评论称“萨达姆鼎盛期犯下致命错误”。

萨达姆的错误在于太过相信伊拉克的实力，误读或者轻信了美国放出的所谓“不干预信号”，他的错误还在于冒天下之大不韪，在新世纪来临之际做出了赤裸裸的侵略行径。这些当然都是重大的错误，但都还有补救的机会，这个机会源于大多数国家希望和平解决的意愿。而萨达姆对这一机会视而不见，甚至将属于自身的优势拱手让人，这才是最终导致其悲惨结局的最大失误。

在危机爆发初期，萨达姆的侵略行为一边倒地遭到世界各国的指责。然而同时，他也有着一个巨大的优势，那就是绝大部分的博弈方在初期都倾向于和平，在某种程度上可以说站在美国的对立面，因为美国要的是战争。

如果将和平与战争比作轴的两端，而国家的立场决定了其所处位置，则危机初期的态势可大概描述为图5-5。

① 军事科学院军事历史研究部. 海湾战争全史[M]. 北京：解放军出版社，2000.

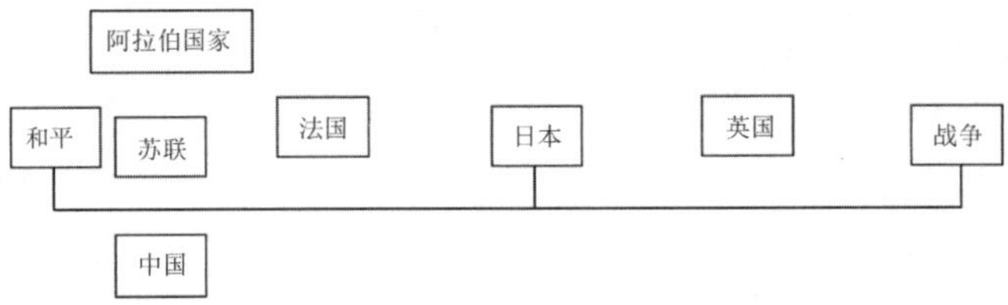

图5–5　海湾危机初期各国立场情况

由图5–5可见，在危机初期，美国距离达成战争这一目的还很遥远，除了盟友英国坚定地站在其身边，包括日本、法国在内的大部分拓展博弈方都倾向于和平。其原因也很明显：阿拉伯国家担心美国借机入主中东，掌控中东话语权，进而支持以色列，压缩阿拉伯国家的生存空间。中国、苏联、法国等国担心美国控制石油这一重要资源，从而在经济上和军事上对自身造成钳制和掣肘。日本则是对中东地区的石油依赖较大，希望中东地区始终维持稳定，所以在支持美国的同时也表达了和平解决问题的意愿。

如前所述，美国想要实施其计划，需要以上拓展博弈方的支持，否则就无从谈起。在危机初期，危机中涉及的这些重要国家大都倾向于和平，希望推动危机向降级方向发展，并或多或少地展开了努力，这无疑起到了危机润滑剂的作用。或者可以说，正是由于这些拓展博弈方倾向于和平，美国才未能在第一时间实施其战略计划，这无疑给伊拉克赢取了缓解危机的时间。如果伊拉克能够好好把握这一优势，机动灵活地通过这些拓展博弈方与美国展开谈判和斡旋，那么或许海湾战争可以推迟，甚至可能化解于无形。

如何争取到足够的支持，是海湾危机的关键，在这一点上，美国的准备更加充分，行动更为积极，这就决定了此次危机按照美国的意愿逐步升级，演化为一场战争。

美国的外交工作紧凑而严密，而萨达姆的行动却显得固执与粗糙。美国四处游走，或承诺或劝说，积极拉拢盟友。伊拉克则冥顽不化，对居中斡旋的各国首脑的建议置若罔闻，更通过绑架、恐吓等手段试图达到自己的目的。在这双重力量的推动下，各国的立场转变也就不足为奇。

同样将和平与战争比作轴的两端，而国家的立场决定了其所处位置，则危机末期的态势可大概描述为图5–6。

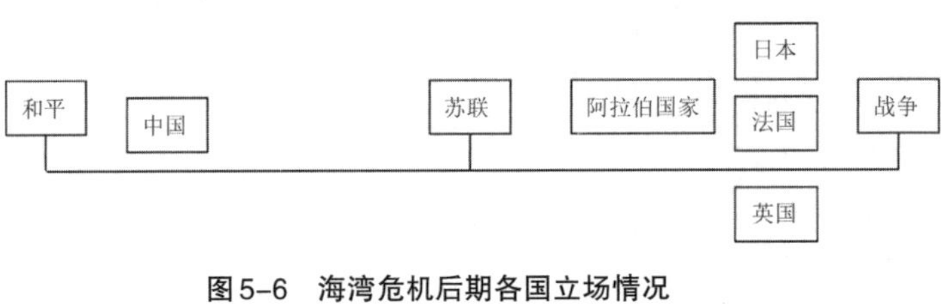

图5–6　海湾危机后期各国立场情况

对图5–5、图5–6进行比较，可以清晰看出，重要博弈方的立场发生了较大的转变，这种转变推动危机的走向由降级转为升级。在赢得诸多国家进行合作的承诺或默许之后，美国已经将舆论扭转到对自己十分有利的情况。在这种背景下，美国积极拉拢自己的盟友组建联盟军，并最终顺利地发起了海湾战争，实现了摧毁萨达姆政府的目的。

分析这个案例，我们可以得出结论，在博弈双方有一方以战争为目的时，拓展博弈方要素是最为重要的要素。因为利益已经丧失了其本该拥有的吸引力，能够有效钳制战争发动者，延缓乃至阻止战争爆发的就是其他国家以及国际组织的态度。自1990年8月2日爆发，到次年1月调解失败，海湾危机共持续了五个月时间。美国在危机爆发当天就确定了出兵海湾的计划，战争却在五个月之后才爆发，这段时间的争取基本就来源于重要博弈方的努力。而从两次对比中可以清楚看出，重要博弈方的态度转变对于危机的发展进程有着极大的影响力，随着重要博弈方的主流观念由支持和平解决转向支持军事制裁，危机也随之不断升级，最终爆发成为战争。因而，如何在危机中争取拓展博弈方的支持，如何有效利用拓展博弈方实现自身的目的，同样值得我们进行深入研究。

三、利益攸关方的优势

本书第三章总结出较具特色的三类拓展博弈方：利益攸关方、强国和国际组织。海湾危机中，阿拉伯联盟国家和伊拉克同处海湾地区，大都可以视为与其相邻或相近的国家，并对危机走势产生了较大影响，所以海湾危机是利益攸关方这类拓展博弈方介入危机的典型案例。结合案例，可以尝试总结出利益攸关方这类拓展博弈方具有的优势。

（一）介入危机程度较深

不同于强国和国际组织。利益攸关方的一大特点是其对危机的介入程度较深。本书所述的国际危机是指国际政治军事危机，危机一旦处理不当，就有爆发局部武装冲突的可能。局部冲突一旦爆发，则会导致区域动荡，对于核心博弈方的邻国等利益攸关方也会构成影响，因此，利益攸关方在危机中的介入程度往往较深。海湾危机中的阿拉伯联盟国家如此，两次朝鲜核危机中的韩国同样如此。

（二）具有的影响力较大

中国自古讲究与邻为善，睦邻友好，这是因为与利益攸关方的相互关系十分重要。由于地理位置相近，相邻或相近国家间往往在经济、文化等领域交往密切，政府间的交流也较多。这类拓展博弈方对核心博弈方有着较大的影响力，是核心博弈方积极争取的对象。

第六章　要素拓展理论的实际应用

第一节　理论运行体制机制探析

前文从理论解析和案例分析两个角度对要素拓展理论进行论证，证明了该理论在危机管理中的有用性，接下来则探析如何系统建立对应的运行机制，以实现有效利用拓展要素、缓解危机的目的。

在探讨运行机制之前，首先要对其依托的管理体制进行介绍。机制是在相应体制之内发挥作用的具体工作方式，只有成熟的体制框架才能发展出高效的运行机制。

一、理论运行体制探析

要素拓展理论强调通过拓展要素影响核心要素的博弈，在危机管理中起到重要的辅助作用，所以其不需要建立专门的管理体制，而是依托于现有的传统的危机管理体制发挥作用。当前的危机管理体制一般包括情报子系统、决策子系统与行动子系统三个组成部分。这三类子系统是国际危机管理中最重要的三个环节，下面结合世界主要国家的危机管理体制对这三类子系统进行介绍。

（一）情报子系统

危机的有效管理来源多重因素形成的合力，包括双方的有效沟通、相互认知与妥协等，而这一切都基于一个因素——情报。唯有相互间有所认知，核心博弈方才能进行真正的谈话。唯有基于对对方行动的了解才能做出相应的调整。所以情报是危机管理中的基础环节，也是贯穿危机始终的重要环节。美国总统老布什在卸任之际就曾对国安局的工作人员说："作为一个美国总统，我可以肯定地对你们说，在我们的国际决策程序中，监听是一个主要的因素。"①

① 冯海沧．美国国际危机管理[M]．北京：军事谊文出版社，2010.

随着科技的不断发展，信息这一时代主题越来越受到人们的关注，从棱镜门事件到IOS系统漏洞事件，情报斗争从未停歇。因此，有必要对其他国家的情报系统有所了解。

美国的情报系统构成明确，国家情报总监统领包括16个组织的美国情报体系，如中央情报局和联邦调查局等。其中中央情报局较为著名，这一机构的前身为美国情报组织战略服务局，其于1947年取代中央情报组，成为美国行政系统中的一个独立机构，并肩负着越来越重的任务。这一机构发展至今，人数早已超过2万多人，下设管理处、行动处、情报处等部门。情报局局长是美国总统的重要幕僚，同时也是美国总统最信任的人之一。

英国的情报系统构成较为复杂，包括国家层面的内阁情报委员会和联合情报委员会，以及作为补充的秘密保安局、秘密情报局、苏格兰场特情处等。其中最具代表性的是秘密情报局，这一机构的前身为著名的军机六处，直属英国首相领导。这一机构的情报搜集范围涵盖毒品走私、跨国犯罪等重大案件，还包括搜集国内外的军事与政治情报。在外交部和联合情报委员会的监督下，该机构是唯一可以使用非法手段搜集情报的机构。

俄罗斯的情报机构包括联邦安全局、对外情报局和联邦边防局等。其中联邦安全局是主要的情报机构，其前身为原克格勃第二总局，直接受俄总统管辖。这一机构肩负着反间谍等重要职责，人数近8万人，由反情报部、军事反间谍局等部门构成。

以色列的情报机构全称为以色列情报和特殊使命局，而更为人们所熟知的是另一个名字——摩萨德。这一机构的前身为犹太秘密军事组织“哈加纳”。以色列的情报系统通常由其总理负责，摩萨德也不例外。这一组织的权力很大，不仅在信息情报方面有着较大的决定权，还对以色列特种部队有着支配权。2010年的迪拜“暗杀门”就被认为出自其手笔。

中国的情报机构以维护国家安全为主要职能，包括国家安全部以及军队中的情报部门等。其中，国家安全部是国家领导人的重要情报来源，它于1983年成立，由原中央调查部、公安部国外局等部门合并而成，其主要职责就是保卫国家安全，维护中国的社会稳定。

（二）决策子系统

决策子系统是整个危机管理系统的中枢，肩负着分析资料、下达决策的重要任务。决策理论中，决策体制的构建主要来源于三种组织模式：组织官僚模式、小集团思维模式和政府政治学模式。当前的各国决策系统通常是多种模式共同作用的结果，下面进行简要介绍。

中国的危机决策长期以来由中共中央政治局及其常委会做出，并有多个部门参与。由于参与部门较多，为了统筹国内与国外，军队与地方等，中共中央于2013年11月12日决定成立国家安全委员会。委员会由习近平总书记亲任主席，是中国国家层面上的危机处理常设机构，负责统筹协调涉及国家安全的多个工作，将会在中国的危机管理中起到中流砥柱的作用。

美国的危机决策机构以国家安全委员会和危机决策特别小组为主导。其中国家安全委员会为最高决策机构，该机构的决策过程分为副部长级、部长级和最高级三个层级。危机决策特别小组是国家安全委员会的有效补充，它具有反应快、规模小的特点，能够帮助美国在紧迫的危机中做出迅速有效地应对，小组由美国总统领导，组员则由总统依据危机情况进行选择，十分灵活。

英国的最高决策机构为国防与海外政策委员会。委员会主席由英国首相担任，其成员较为固定，包括副首相，外交、财务等多名大臣①。这个机构同时还是英国的最高军事决策机构，国防部和内政部都会按照其做出的决策开展行动。

俄罗斯的最高决策机构为联邦安全会议，它是俄罗斯危机管理的中枢机构，在俄罗斯总统的领导下有着很大的权力。它的机构较为庞大，在遭遇特殊的危机事件时，还可以临时成立机构专门针对危机进行情况处置。

以色列的决策中枢为安全内阁。安全内阁由以色列总理、国防部长和外交部长等组成。作为国家最高统帅，以色列总理在安全事务方面具有决定权，当危机发生时，总理负责组织召开内阁紧急会议，做出决策。

总的来看，各国的最高决策者皆为国家领袖。决策中枢一般涵盖军方负责人、政府负责人、情报负责人以及重要幕僚，通过召开紧急会议的方式做出决策。组建模式则主要包括两种：一种是人数较少的“精英小队”，另一种则是结构严谨的大型机构。

（三）行动子系统

行动子系统是危机管理方案的执行者，是决策的具体操作者，在要素拓展博弈中同样肩负着重要任务及使命。下面对各国的行动子系统进行简要介绍。

中国的行动子系统包括国务院和中央军委两个大的机构，起到承上启下的职

① 刘鹏，刘志鹏．国家安全委员会体制的国际比较[J]．经济社会体制比较，2014（5）．

责。国务院是中国最高行政机关，统一领导各级国家机关行政工作。在危机管理中，其主要负责对中央决策进行具体部署，领导其下属机构完成危机管理相关事务。在中国的历次危机应对中，国务院在开展外交活动，维持社会稳定，提供人力、财力保障等方面都发挥了重要作用。中央军委是中国的最高军事领导机构。在危机管理中，中央军委领导其下属总参谋部、总政治部、总后勤部和总装备部等机构，在危机中统筹发挥军队的各项职能。这两大机构是中国危机管理中决策子系统与行动子系统的连接纽带，在危机管理中具有统领行动的作用。还有一些机构具有独特职能，在危机管理中有着特殊使命。这些机构包括国防动员委员会、军队应急办公室等。国防动员委员会受国务院和中央军委双重领导，肩负着协调军地双方的重要职责，负责平衡军队与政府、人力与物力之间的关系。军队应急办公室则负责在应对危机时协调军内关系，指挥各军种有关部门相互协作，以有效应对国内外危机。

美国的行动子系统构成与中国相似，同样以国家与军队的重要部门为主。其中起统筹作用的部门包括国务院和国防部。在国际危机中，国务院是重要的职能部门，往往代表美国政府同他国政府进行谈判，同时将消息汇总并传给决策部门。国防部是美国军队的高级领导机构。在危机应对中，军队的有关职责与行动由国防部全权负责，包括军事谈判、军事威慑等。国防部长和参联会主席分别为总统的首席军事顾问和国安委的法定军事顾问，所以国防部也起到了连接决策子系统与行动子系统的承上启下的作用。

英国的行动子系统主要包括国防部和内政部。国防部具有军地双重性质，它既是内阁的重要成员，也是军方的首脑机关。国防部的职责包括制定相关的危机应对政策，展开相关军事行动等。其下设国防委员会，由国防大臣担任主席。该委员会主要处理重大的国际危机事件，是英国危机管理中军方的行动指挥中心。

内政部在很长时间内结构较为庞大，功能性并不十分突出，在危机管理中仅能起到一定的辅助作用。然而，随着恐怖主义的威胁逐渐增大，国际性危机逐渐增多，英国也对其内政部进行了编制调整。其于2007年将具有司法职能的部门分离出去，单设司法部。内政部则进一步明确功能，主要集中在反恐和安全两项。随着这次改组，内政部在英国国际危机管理中发挥的作用逐渐增大，已由辅助角色转变为行动主导者。

俄罗斯的主要行动部门包括国防部、外交部等。同其他国家一样，俄罗斯的国防部同样是俄军队首脑部门，在危机管理中协调军队执行决策层下达的各项指示，配合其他机构共同应对危机。外交部主要负责开展外交活动，与博弈国开展谈判等，功能相对单一，但十分重要。

二、运行机制中的子系统作用分析

上一节介绍了拓展理论运行的外在框架，本节重点探讨拓展理论的内部机理，即拓展理论的运行机制。本书尝试将拓展理论的运行机制归结为由情报、决策、行动三个子系统所构成的完整系统。

“体制有刚性，机制有柔性。机制是在体制框架内的自由发挥，可以看作是‘戴着脚铐跳舞’。”[①]为了更好地探索理论运行机制，有必要深入探讨各子系统在要素拓展理论应用过程中发挥的独特作用，从而建立要素拓展理论的运作机制。

（一）情报子系统在要素拓展中的作用

国际危机分为潜伏期、博弈期、恢复期三个阶段，情报系统在三个阶段的工作侧重稍有不同，但均十分重要。在常规的危机管理过程中，情报子系统肩负着潜伏期的危机预警、博弈期的危机舆情监控与管理和恢复期的危机恢复情况信息收集等任务。在运用要素拓展理论的过程中，情报子系统也肩负着十分重要的任务，主要包括以下三项。

1. 针对潜在冲突搜集情报，进行危机预警

在要素拓展理论实施的过程中，首要步骤就是判定双方的核心利益。这一判定准确与否，决定了接下来的行动方向和拓展方向是否正确。由于危机具有特殊性，需要决策者在极短的时间内做出决策，核心判定则需要在更短的时间内完成，以给后续分析与决策节省出时间。所以迅速并且准确地进行核心判定十分重要，这就有赖于信息系统在危机潜伏期的矛盾情报搜集及危机预警工作。

国际危机的爆发迅速并且突然，很难确定何时爆发，但国际危机同样是有迹可循的，因为总会有潜伏的种子。20世纪90年代，中国和日本就对钓鱼岛归属问题有所争端。所以，尽管日本购岛事件确属偶然，但对于危机的爆发，中国早有预见。南海撞机事件十分突然，并迅速转变为国际危机。但这场“意外事故”却也并非事出无因。随着中国迅速发展，美国对中国越发重视，所以不断加大对华飞行侦察力度，而为了保护国家安全，中国监视飞机采取紧贴美机飞行的方式实现对美机的监控，其中的风险始终存在，这次撞机事件就是风险的具体体现。

情报子系统在日常工作中肩负着搜集各国动态与最新消息的任务，在进行信息

① 王宏伟. 公共危机管理[M]. 北京：中国人民大学出版社，2011.

搜集和汇编的时候，可以有意识地将与中国有关联的国家情报作为重点，并着重分析国家间交往时有可能出现的矛盾。例如和周边邻国之间，往往容易因为领土争端产生矛盾；与欧洲的贸易伙伴之间，最容易因为经济纠纷而产生矛盾；与美国或者日本之间，则综合考量历史、意识形态和战略冲突等多方面原因。在进行综合考量的同时，情报子系统应总结出近年来最有可能爆发的矛盾，例如中日钓鱼岛争端、中美太平洋战略冲突等。并将总结出的最有可能爆发的矛盾作为重点情报加以搜集，以在较大程度上避免国际危机所带来的突然与紧迫。

2. 针对重要国家的核心利益和现实诉求搜集情报

全球有200多个国家或地区，由于文化、地缘、民族构成、宗教信仰等，国家与国家间的核心利益不尽相同。情报机构应当对世界重要国家的核心利益有所了解。一方面，危机爆发的因素与核心利益的关联程度决定了危机降级的难易程度；另一方面，在进行利益拓展的时候，可以针对该国的核心利益进行拓展，往往能起到较好的作用。

另外，还需要对重要国家的近期利益诉求有所了解。这一情报具有时效性，可能仅是特定国家发展至某一阶段所产生的诉求，在长效性上不如国家核心利益，但同样有其自身优点。在特定阶段内，对于这一国家来说，近期利益需求的重要性甚至可以同核心利益相媲美。而对于其他国家来说，前者的重要性与后者则无法相提并论。例如第一次朝核危机中，核武器的开发对朝美双方来说都是国家核心利益，很难让步。然而朝鲜在当时对先进的轻水反应堆有利益诉求，解决这一问题对美国来说却不是难事。所以美国以朝鲜的这一近期利益诉求为突破口，使危机走势转变，实现了危机降级。

3. 针对国家间相互关系及政策立场搜集情报

在进行博弈方拓展的时候，首要考虑的就是这个国家或国际组织与核心博弈方的关系，以及其表现出的一贯立场。例如中国始终奉行和平解决危机的立场，所以在数次危机中都承担起调解者的作用。第二次朝鲜核危机中，中国提出的六方会谈得到包括朝美在内各国的积极响应。海湾危机中，中国的态度以及行为也受到了中东国家的好评。而由于中国的一贯立场，加之中国的国际影响力，使中国逐渐成为国际上调停危机、防止危机恶化的良好缓冲剂。对于想要赢取决策时间，防止危机快速升级的博弈双方来说，将中国作为拓展博弈方就是一个好的选择。近年来，许多危机中的核心博弈方都表示希望中国出面调停，如巴以冲突、伊核问题、阿富汗问题等。分析国家间关系，选择适当的拓展博弈方，对于有效管理危机，引导危机向理想方向发展有着很大的实用价值。

（二）决策子系统在要素拓展中的作用

无论组建模式为何，决策子系统在危机管理中肩负着最重要的任务——进行决策。在实际运用要素拓展理论管理危机时，决策子系统需做出以下三种决策。

1. 确定拓展方向和内容

在通过拓展要素管理危机时，拓展方向至关重要，接下来的一系列工作都应围绕这一方向进行。所以在综合分析情报的基础上，要对拓展方向有明确的决定。例如在进行博弈方拓展时，应探讨并决定将哪些博弈方引入危机。在进行利益拓展时，应对“进行外部拓展还是内部分解”“如果进行外部拓展，向哪个领域进行拓展”等问题做出回答。决策子系统是危机博弈方的核心，是“下棋的棋手”，拓展方向必须由其确定，只有这样，才能将拓展博弈与核心博弈紧密结合，形成完整的相互配合的整体决策。

2. 确定各层级底线与目的

在明确拓展方向后，决策者接下来需要确定各层级的博弈底线与预期目的。博弈需要设立底线，一方面是限制对方的无理要求，避免谈判所导致的损失超出国家预期；另一方面是保证乙方基本目标的实现。运用要素拓展时，决策者需要设立两种底线：一种为拓展利益的单独底线，也就是在何种条件下可以对一般、重要利益进行交换，做出妥协；另一种是博弈的整体底线，也就是将所有的利益综合分析，总结出整个危机博弈过程中的最低目标，确定在重要或一般层级博弈中获利达到何种程度时可以对核心利益进行让步，反之亦然。

3. 对行动单元进行任务分配

决策子系统还有一项重要的工作，对行动单元进行任务分配。行动单元涉及各个领域与部门，比如经济、教育、外交、军事等。而由于拓展要素往往涉及多重领域，这就需要决策子系统对各个拓展博弈的施行者进行具体部署和分配。决策子系统在确定了拓展方向后，需要依据拓展要素所处的领域，向相关部门负责人下达任务，同步明确底线与全局预期目的，方便行动单元展开具体行动。

（三）行动子系统在要素拓展中的作用

行动子系统是架构最为庞大的子系统，同时也是与对手接触最为频繁的子系统，主要在危机博弈期发挥作用。其结构复杂，肩负的任务自然繁多，具体到要素拓展理论中，主要涵盖以下三点。

1. 依据决策进行拓展

行动部门是政策的执行者，是要素拓展工作的具体操作者。在决策子系统明确了具体的拓展内容并将各项工作分配给相应部门之后，行动子系统就需要依据决策内容，有针对性地同其他国家和组织的相应部门进行沟通，通过平时建立的联系渠道进行联系并组成行动小组展开行动。例如海湾战争中，布什总统明确了“沙漠盾牌”计划，同时确立了联系更多国家共同制裁伊拉克的方针。根据这一决策，行动子系统的相关部门迅速展开行动。国防部依据“沙漠盾牌”计划，分批将部队派往海湾地区，并驻扎在沙特阿拉伯，实现了保护沙特、威胁萨达姆的双重目的。外交官员则展开穿梭外交，以争取包括阿拉伯国家在内的多个国家的支持。

2. 围绕要素展开博弈

要素拓展理论从本质上说就是将一个大的博弈或细化或衍生，从而产生多个博弈。核心博弈方通过这些衍生博弈的结果影响核心博弈，实现有效管理危机的目的。而包括衍生博弈与核心博弈在内的所有合作与竞争行为，无一不依赖于行动子系统。当要素拓展完毕后，行动子系统的功能模块应依据任务分配情况，有所侧重地进行拓展要素的博弈，并将博弈的结果与对方的态度汇总传达给决策系统。决策系统在综合分析各分支情况的基础上，向核心博弈行动组下达指示，展开核心要素的博弈，并最终在危机中实现最大程度的获利。例如第一次朝鲜核危机中，美国在进行要素拓展后，各部门分别展开各自领域的博弈。国防部领导军队，通过联合军演等方式对朝鲜施压，同朝鲜军方展开军事层面的博弈。同时，美国联系相关技术人员，就援建轻水反应堆问题与朝鲜谈判。美国还派出了包括前总统卡特在内的外交人员展开外交攻势，对朝鲜进行劝导。通过军事（双方承诺互不进攻）、经济（美承诺为朝建设轻水反应堆）、外交（美朝恢复邦交）等拓展利益的综合作用，最终实现了核心问题的解决（朝鲜承诺放弃核计划）。

3. 实时汇报进展情况

在运用要素拓展理论时，各拓展博弈往往分开进行。但危机结果需要综合考虑，在衡量整体价值的基础上做出判断。这就需要行动子系统在进行博弈时，将博弈进展情况与对方的要求、态度等情报及时反馈给情报子系统，由其机构进行情报整理与初步分析，再传递给决策子系统进行政策调整。

三、要素拓展理论运行机制探析

前文对理论运行体制及各子系统的独有作用分别进行了介绍和探索，接下来尝试构建要素拓展理论运行机制。

如前所述，本书试图将要素拓展理论机制总结为由三个子系统所构成的循环系统。在运用要素拓展理论之时，首先发挥作用的通常是情报子系统。情报子系统通过其平时建立的渠道对信息进行搜索整合，并做出初步分析，之后将整合的情报传递给决策子系统。决策子系统对情报做进一步深入分析，并尝试提出解决方案，之后由最高决策机构确定采用的方案及应对措施。决策子系统在提出应对措施后，将应对方案传送给行动子系统，并由构成该子系统的行动单元按照方案展开行动。在行动的执行过程中，行动单元会将行动的整个过程以及对方的应对措施等情况汇总，传递给情报子系统进行整理和初步分析。这样三个子系统就形成了一个循环的管理系统，可以随着对方的决策与行为实时做出调整，总的来说，三个子系统构成的完整系统，如图 6-1 所示。

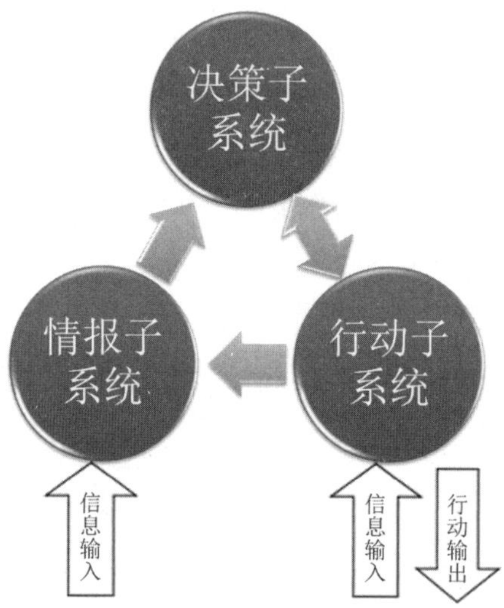

图 6-1 要素拓展理论运行整体机制

在大系统中，共有两个信息输入口，分别位于情报子系统和行动子系统；一个信息输出口，位于行动子系统。决策子系统是系统中枢，是做出决策、下达指令的唯一子系统。下面对这三个子系统的构成进行探索。

（一）情报子系统运行机制

在要素拓展理论应用中，情报子系统肩负着情报搜集、情报分析判断和上报决策子系统三项任务。与这三项任务相对应，本书拟将情报子系统设为三级模块：位于底部的情报搜集模块，位于中间的情报初步汇总与分析判断模块，以及位于顶层的情报综合分析与上传模块。总体来说，情报子系统构成如图 6-2 所示。在图 6-2 中，位于最低层级的是情报搜集模块，它们从外部环境中搜集必要情报，并将情报上传给位于中间层的汇总与分析模块。情报搜集模块包括两类：一类是现实情报搜集模块，对危机的爆发原因、冲突程度和核心要素等内容进行情报搜集；另一类是资料搜集模块。其搜集的资料包含冲突双方的领导人决策倾向、盟友或交好国家资料和博弈双方各自的优势领域等。通过先期构建好的输送渠道，情报搜集模块迅速将情报传递给汇总与初步分析模块。

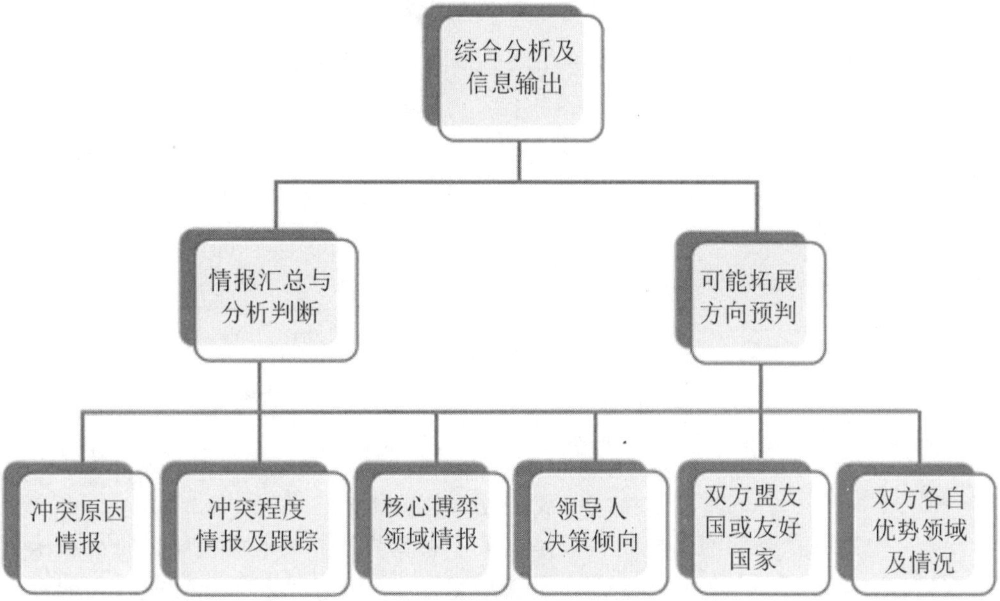

图6–2 情报子系统运行机制

位于中间层的是汇总与初步分析模块，它们接收来自情报搜集模块的情报，在进行必要的处理后，将产出的报告上传给位于上层的综合分析与上传模块。汇总与分析判断模块同样分为两类：一类负责对资料进行汇总，并综合形成危机报告，阐述危机爆发的原因、博弈领域、双方观点及当前局势等；另一类负责进行预测分析，结合现实情况与双方资料，预测有可能介入危机的拓展博弈方及其可能造成的影响，并预测双方在后续博弈中可能进行拓展的利益领域。经过情报汇总和一定的预测分析，汇总与初步分析模块得出数份综合报告，并将其传递给情报综合分析与上传模块。

情报综合分析与上传模块位于情报子系统的最上层，由顶尖专业人士构成。在接收到汇总与初步分析模块传送的信息后，该模块人员负责对数量较多的综合报告去芜存菁、细致分析，并按照可能性大小对拓展利益领域及拓展博弈方进行排序。经过细致分析及可能性评估，情报综合分析与上传模块将汇总报告上传决策子系统，以方便决策层迅速做出决策。

（二）决策子系统运行机制

中国的国家安全决策体系发展迅速，由最初的“一元性反应架构”发展至后来的基本框架体系。2014年1月24日，国家安全委员会正式成立。国家安全委员会的成立是中国国家危机管理体制的一个重大举措，其能够对包括危机管理在内的国家安全管理工作进行统一规划，有效提高决策效率。基于中国的整体安全管理框架，本书拟将决策子系统运行机制按照功能分为外部沟通模块、决策模块和评估模块三类，以便在施行要素拓展理论时能够迅速有效地做出决策，其构成如图 6–3 所示。

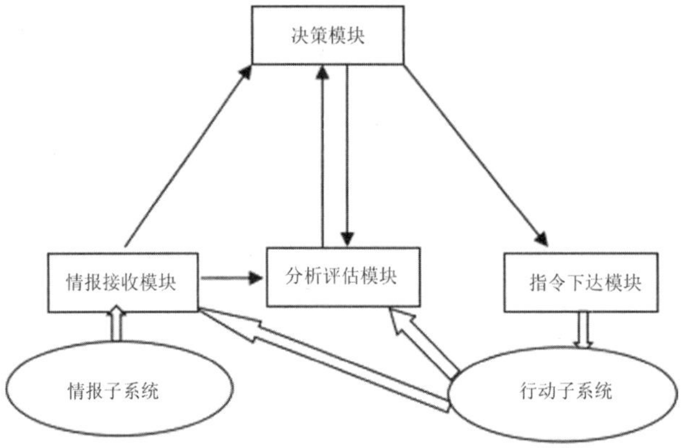

图 6–3　决策子系统运行机制

第一个部分是外部沟通模块，其是决策子系统与外界沟通的桥梁，将决策子系统与其他子系统紧密结合，从而构成完整的大系统。这部分模块按照具体功能可分为情报接收模块和指令下达模块。情报接收模块单方面输入信息，主要负责接收情报子系统上传的情报以及行动子系统所汇报的对方应对情况，并将接收到的信息情报及应对情况传递给决策模块，同时将预测及分析情报传递给分析评估模块进行系统评估。指令下达模块单方面输出信息，主要负责将决策模块下达的决策传递给行动子系统。指令下达模块应按照拓展方向将决策分门别类地传递给行动子系统中的相关指挥模块，例如将涉及安全领域的决策传递给军队及警察的重要指挥机构，涉及经济领域的决策传递给财政方面的重要指挥机构，涉及文化及意识形态斗争的决策传递给宣传方面的重要指挥机构等。

第二个部分是决策模块，其是决策子系统乃至整个运行机制的核心，在中国具体体现为中共中央总书记领导下的国家安全委员会。决策模块的中心工作就是依据情报做出决策，并将决策分派给相应的行动部门，并由其转化为具体的行动方案。决策模块是决策子系统的中枢模块，与其他模块紧密联系。决策模块在要素拓展的过程中任务繁重，需要及时关注各拓展博弈情况，并依照对方反应做出及时调整。

第三个部门是分析评估模块，其是决策子系统中的辅助模块，主要负责对决策进行评估分析，一般由国家的智囊团、智库构成。一方面，这一模块肩负多项评估任务，包括评估各拓展博弈领域的利益情况及其对危机管理整体大局所造成的影响，评估行动模块依据决策拟定的具体行动方案，还要评估情报子系统上传的预测性情报及其准确度。另一方面，这一模块还肩负着分析任务。需要结合情报分析对方的决策倾向，可能引入的拓展要素等。在做出具体评估及分析后，分析评估模块将相关报告传递给决策模块，从而起到辅助决策的重要作用。

（三）行动子系统运行机制

行动子系统是决策的执行者，是危机管理的具体操作者。中国的行动方式通常是通过上级指挥部门下达命令与指示，之后由下级部门具体执行。要素拓展理论涉及多个领域，所以行动子系统包含的机构最多、范围最广。按照功能与层级，本书拟将行动子系统分为三类模块，具体结构如图6–4所示。

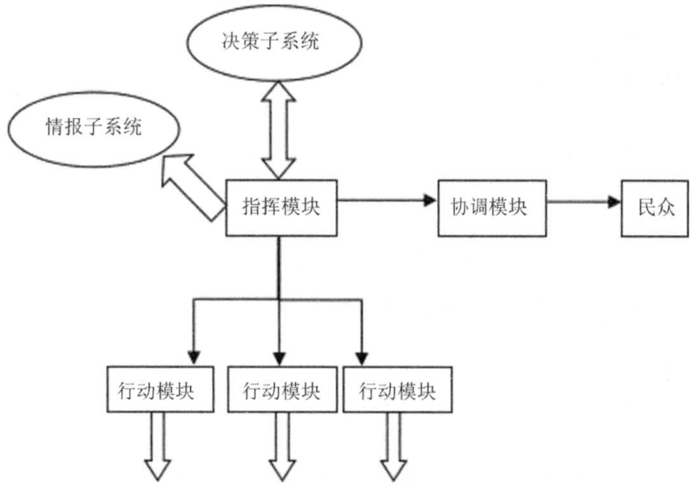

图6–4　行动子系统运行机制

行动子系统由三类模块构成。其中，第一类是指挥与计划模块，这类模块主要包括军队与地方的重要指挥机构。这类模块肩负双重任务：一是依据上级决策拟定行动方案。决策由指令下达模块分门别类传递给对应指挥模块。接收指令后，结合自身实际情况，指挥模块需依据上级指示拟定切实有效的行动计划，并依据行动计划进行行动部署。另外，指挥模块还需要将行动计划上传给决策子系统的评估模块，以便其对计划进行总体评估，并依据评估结果和建议及时调整行动方案。二是统一指挥下层模块，即在按照上级决策执行任务期间，负责指挥本领域的行动模块开展行动，与对方展开博弈。

第二类是行动模块。这类模块涵盖范围广阔，包括国家政府及军队领导下的各个部门及部队。构成行动模块的机构并不总是参与拓展领域的博弈活动。指挥模块依据上级决策和任务需要，选择其中适合的一个或几个部门执行拓展领域的博弈活动，在执行过程中，行动模块应当服从指挥模块的指挥，并将对方的应对及变化及时反馈给指挥模块。

第三类是协调模块。危机管理由政府和民众共同完成，在危机管理过程中，政府起到主要作用，但同样不能忽略人民的力量。协调模块专门负责危机管理过程中与民众的沟通协调，保证双方力量能够有机结合，有效增强对危机的管理。

第二节 理论应用探索

一、理论运行机制的运转程序

（一）情报信息搜集

“情报是判断、意志、决心、行动所需要的能指引方向的知识和智慧。”要素拓展实践过程中需要选择对危机管理有益，有助于实现自身目的的领域进行，同时需要选择合适的方法。这一切都需要情报作为基础，所以情报信息搜集是要素拓展理论实践的第一步。

（二）制定实施计划

要素拓展理论应用的第二步是制定实施计划，其中包括决策子系统的总体规划，还包括行动子系统相应模块的行动计划。计划的根本目的，是确保要素拓展理论能够有效施行，确保危机管控的目标顺利实现。“凡事预则立，不预则废”，制定周密的实施计划，是要素拓展理论应用不可或缺的一步。

（三）组织力量资源

确定了翔实的行动计划，接下来的工作是组织力量资源。通过要素拓展方式进行危机管理，往往牵扯到多个领域和国家，这就需要力量的有序组织和合理分配。依照行动计划和阶段性目标要求，各指挥机构应该结合任务需要及自身掌控的资源情况，进行合理的分配与调动。

（四）开展博弈行动

人员、资源调配到位，行动目标与分工明确。有了以上基础，接下来就要正式开展博弈行动。危机具有复杂性、多变性，所以相关人员在执行博弈任务时，应注意及时将进展情况上报指挥部门。在无法做出决定或意见不统一时，应迅速上报对应指挥部门，等待上级决策。命令下达后，再依照命令继续开展行动。

（五）进行综合评估

危机管理是行走在战争边缘的艺术，一旦有所疏漏，处置不当，就可能令国家陷入战争危局之中。所以，危机管理务必慎之又慎。评估这一步骤正是避免风险的一大法宝。评估贯穿要素拓展实践的始终，包括前期的行动方案评估、中期的对方反应与效果评估以及结束后的事后评估等，是机制运行必不可少的一道程序。

二、要素拓展理论的应用计划

任何方案都需要依照一定的计划进行。整个危机管理的全过程有其全局计划，具体的单项工作也有其具体计划。将要素拓展理论运用到危机管理的实践之中，需要事先制定完备的计划。

将危机管理计划的一般框架结构与要素拓展的具体特性相结合，可以形成有关要素拓展理论应用的具体架构，其内容包括：方向与目标、指挥与决策、前期基础、风险评估、行动与协同、协议履行与恢复、单项评估与整体评估等方面。

（一）方向与目标

这部分主要描述要素拓展过程中涉及的基本原则，确定博弈的阶段目标和总体目标。同时还包括对拓展方向的具体规划。这部分内容应明确方向与目标，使要素拓展及之后的博弈行为具有明确的目的性。需明确的事项包括各博弈的基本目标、理想目标及其在整体博弈过程中所占权重，拓展过程中应注意的外交政策、保密政策以及各项政策的权责等。

（二）指挥与决策

这部分主要确定要素拓展理论施行过程中的各项指挥机构，包括指挥中枢、协调机构、各分支指挥机构等。同时还包括各分支相互间以及与中枢的沟通方式与渠道、决策的程序、各分支指挥机构的决定权大小等具体内容。

（三）前期基础

这部分主要描述要素拓展施行的前期基础，其内容包括前期的信息情报准备情况，即是否对已确定的拓展方向的利益与博弈方有着详细的情报和判断；前期的沟通渠道建设情况，包含对国家层面、机构层面、个人层面的沟通热线的建设与掌握；前期保障情况，例如军事层面的前期动员与准备、政治层面的外交斡旋与国际造势、经济层面的交通情况等；危机期间对国内媒体的控制情况，避免由于危机陷入僵局或局势紧张引起国内恐慌。

（四）风险评估

这部分主要描述实施要素拓展的过程中可能出现的风险。要素拓展过程可能造成危机局面复杂化，有时还会带来增加次生危机的风险。这一部分旨在对可能产生的风险进行预判与评估，并制定解决预案。当方案具有破坏性时，还有必要对该项拓展进行具体评估。当风险过大时，及时停止对该领域的拓展。

（五）行动与协同

这部分主要明确要素拓展及博弈过程中各部门、各方面的职责，明确拓展方向所对应的专属部门，以及部门中的组织机构、行动层级等。同时明确各部门之间、专职与非专职之间的沟通渠道和协作方式等。应指导建立协调部门，将国家的军事、政治、经济等力量有机结合，专中有同，同中有专，使拓展博弈对核心博弈发挥最大的促进作用。

（六）协议履行与恢复

这部分主要描述危机结束后的问题，包括相关协议的履行以及危机结束后的恢复重建。由于拓展要素的引入，危机最终达成的协议会包含多方面内容，有些拓展协议如果处理不当，或许会转化为新的危机。例如第一次朝鲜核危机中，最终协议内容包含美国帮助朝鲜建设轻水反应堆这一内容，而这一协议没有得到很好的落实，导致了第二次朝鲜核危机的爆发。这一部分内容主要对危机恢复期进行规划，包括明确协议履行过程中的监督及落实部门，确保协议能够得到有效落实，避免出现遗留问题等。还包括拓展领域中受到危机影响的部门的恢复与重建保障，包括物资保障、法律保障，等等。

（七）单项评估与整体评估

这部分主要依赖于危机管理与博弈论相关模型，对拓展博弈进行具体评估，对其可能造成的积极影响与消极影响做出预测。同时对其促进作用进行评估，给出价值与实现占比。评估分为单项评估与整体评估，单项评估是对拓展领域中各单项的价值分别进行评估，整体评估则是最终对危机的整体管理进行成效分析。

三、理论运行机制的事后评估方法

应用评估是国际危机管理的重要程序，能够起到查缺补漏的重要作用，为改进危机管理方式方法提供帮助。运用要素拓展理论进行危机管理，需要对其具体应用情况进行评估。本书将其总结为以下四方面内容：利益拓展情况、博弈方拓展情况、拓展要素应用情况和核心博弈结果。要素拓展评估具体内容如图6-5所示：

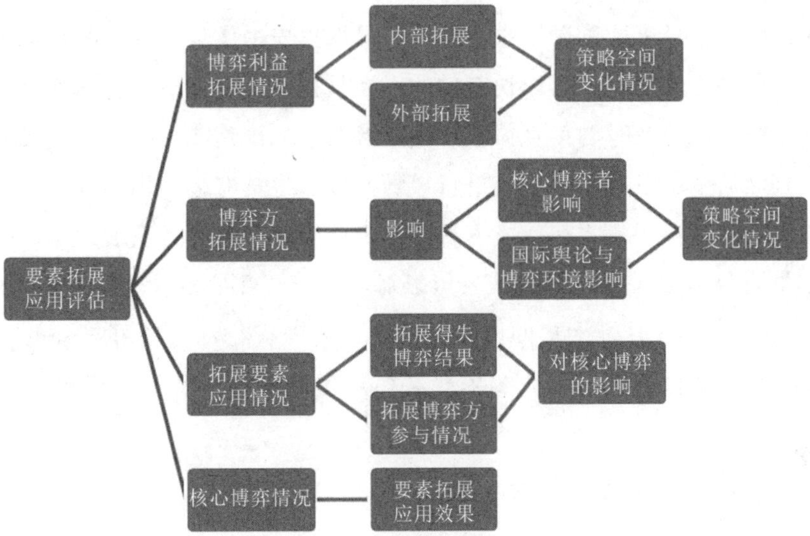

图6-5　要素拓展评估内容

利益拓展情况评估，主要是对危机中涉及的所有利益进行总结，并评估其增加了哪些有效地博弈空间。博弈方拓展情况评估，是评估拓展博弈方对核心博弈方以及外部环境造成的影响，以及拓展博弈方所增加的博弈空间情况。拓展要素应用情况评估，是通过总结拓展博弈方的参与情况，以及总结拓展利益的最终协议，分析评估这两者对核心博弈所带来的影响。核心博弈结果评估，是对危机的最终结果进行评估，并通过最终结果，分析是否达成了危机管理的目的，是否达成了国家目标，进而分析评估拓展要素在危机中究竟起到了多大作用。

四、要素拓展理论的运用要求

（一）全面掌握情报

翔实的文献资料是运用要素拓展理论的基础之一，唯有对拓展的领域及国家有着深入了解，才能寻找到适合的要素进行拓展，从而发挥其应有的促进作用。例如第二次朝鲜核危机中，美国通过历史资料与现实分析相结合，决定将中国作为拓展博弈方引入危机。从历史角度考虑，中国对朝鲜有着较大影响力。从现实角度考虑，半岛无核化与稳定同样是中国的利益诉求。基于以上原因，美国主动要求中国介入危机，进行调解。果不其然，中国在危机中很好地起到了缓冲与调和作用，避免了危机恶化。

（二）提前进行预判

有效的提前预判是危机管控的重要保障。有效的预判可以令己方提前做好准备，同时意味着信息来源准确，也意味着较易取得先手优势。这些都是决定危机管理成功与否的关键性因素。所以说有效的判断是拓展理论高效施行的前提条件。有效的判断依赖于准确及时的信息情报和决策者精准的预判能力。在对危机的爆发产生了先期判断后，决策者可以提前进行规划。例如将具有缓冲作用的领域或利益进行汇总，以便在危机爆发之初就能够从中选出恰当的要素进行拓展，从而有效控制局势，维护自身利益。同时，决策者可以对那些能够在危机管理中发挥积极作用，或者那些有利于己方取得优势的博弈方提前展开外交行动，做好充分的“战前准备”。总之，有效的提前预判为实施要素拓展理论，合理管控危机提供了良好的条件。

（三）决策决断迅速

要素拓展理论能够在国际危机管理实践中发挥多项重要功用，其中之一就是能够有效缓解危机初期紧张局势，避免危机失控与迅速恶化。基于上述功能，要素拓展理论的实践，要求决策者具有良好的判断力和掌控力，能够迅速做出决断。危机爆发伊始，在信息较少的情况下，决策者应当排除干扰，迅速做出务实应对。要素拓展理论实践还需要执行部门间密切协调。决策越早下达，制定行动计划的时间越充足，执行方案也就越完善，实践效果也就越好。例如，古巴导弹危机中，肯尼迪总统迅速决定实施海上封锁，将安全利益拓展至海上安全。这一拓展不仅有效缓解了剑拔弩张的紧张局势，更在危机管控的整个过程中发挥了重要作用。

（四）应对方式灵活

国际危机管理是行走在战争边缘的艺术，需要高超的管理技巧。要素拓展理论更将博弈的范围扩大，将危机中的博弈对象由单个扩充为多个，这就需要决策者在进行危机管理时能够把握灵活原则，应对适度，方能有效发挥要素拓展理论的积极作用。海湾危机中，萨达姆一味采取强硬态度，不愿进行任何妥协。他对于来自阿拉伯联盟国家、苏联和中国的善意劝告置若罔闻，即便想要进行谈判，也强制要求将危机与巴勒斯坦问题联系在一起共同解决。在美国坚决表示拒绝后，又未能及时变通。身为侵略者，伊拉克本在危机博弈中处于弱势地位，萨达姆却未能利用阿拉伯联盟成员国这一身份优势，灵活机动地与美国展开博弈，反而用强硬的态度应对所有问题，导致众叛亲离，最终自吞恶果。应对方式过于死板，不加变通，导致其悲惨的结局。

（五）无愧国际公义

全球化背景下，国家间交往日益频繁且复杂，没有绝对的朋友，也没有绝对的敌人。因而，在运用要素拓展理论解决危机争端时，应注意规范自身行为，做到师出有名。具体来讲，博弈过程中应注意决策与行为符合国际公理，有国际法依据。同他国进行博弈时，拓展领域或博弈方式应尽量避免与其民族风俗、宗教信仰等发生冲突，从而减少不必要的损失，防止节外生枝。例如，“9·11”事件发生后，美国在管理危机过程中大打反恐牌，并以《联合国宪章》中遭受攻击后可以自卫的条款为依据，实施对阿富汗的军事打击，还援引《北大西洋公约》的第五条，要求北约盟国出面支援。美国在国内外大力宣传恐怖主义危害，以彰显其行动符合国际法规定，从而争取到国际社会的支持，博得了广泛同情，找到了法理依据。

（六）完善法律法规

完善的法律法规是要素拓展理论能够迅速有效施行的重要基础。一方面，完善的法律法规是国家安全体系的有机组成部分。它从法律层面规定了各机构各部门承担的安全职责与应尽义务，同时明确各负责人的权责；另一方面，完善的法律法规是与他国博弈的有力武器。当前中国面临的威胁日益复杂，拓展领域日益多样，这些变化导致中国在管理危机时承担着巨大压力，完善的法律法规可以分担一定压力，依据法律办事容易赢得世界人民认同，易于获取政治合法性。

结　论

随着时代的变迁和国家的发展，以美国、亚太、欧洲三大区域为核心的多极化世界已经初现端倪。如何适应急剧变化的世界，在多极化格局初期走在其他国家之先，是中国需要解决的重大问题。世界多极化建立在多种力量相互依存又相互制约的基础之上，中国想要在如此错综复杂的环境中保持经济高速增长，需要高超的危机管理艺术。近一段时间，中国尝试逐步扩强国家的国际影响，“一带一路”倡议和亚洲基础设施投资银行等都是国际最热门话题。中国需要一个稳固的外部环境，需要一段平稳的时间来开展国家战略、保证经济发展，这正是本书要素拓展理论想要实现的目标。

本书借助博弈论的相关概念对危机博弈系统进行描述，旨在研究系统中构成要素的变化对危机发展造成的影响。通过研究，本书得出结论，要素的拓展能够有效增大博弈空间，从而为国家危机管理提供更加广泛的空间。这一结论可以有效管理处于“死锁”状态的危机，为这类危机的解决提供帮助。通过进一步研究，本书总结得出了三类拓展利益所具有的特性。不对称拓展利益对于危机和解具有最大的促进作用，运用得当可以成为危机和解的突破口。内部分解出的利益与核心利益有最强的关联性，对其拓展最为安全，不会引起核心博弈方的反感，同时还能发挥拓展要素应有的作用。外部拓展利益种类最多，具有最大的选择余地，方便决策者依据情况灵活选择。本书对介入危机的拓展博弈方进行研究，得出了平衡与失衡、促战与促和、善意与恶意三对概念，并明确了促和型博弈方、强国博弈方和利益攸关方三类拓展博弈方对危机的影响。结合当前国家危机管理机制，本书尝试设计了要素拓展理论所依托的运行机制，将其总结为具有两个信息输入口、一个信息输出口的环形系统。该系统由情报、决策、行动三个子系统构成，紧密结合形成了整套管理系统。本书总结了各子系统在要素拓展理论中发挥的作用，并以此为依托，分别对三个子系统进行了具体设计，以探讨要素拓展理论在实践中运用的方式方法。

同其他危机管理理论相比，要素拓展理论具有较强的目的性，即通过要素拓展博弈的方式为危机管理争取缓冲时间，或者在一定程度下辅助决策者实现博弈目的。其缺点在于无法从根源上解决国家间矛盾，另外，如果对要素拓展的运用不当，则有可能导致危机恶化。所以，这一理论在危机管理中更多是起到辅助作用，应该以其他管理方式为主，才能最大程度发挥其特有的效用。

参考文献

（一）中文参考文献

[1] 詹姆斯・多尔蒂，小罗伯特・普法尔茨格拉夫. 争论中的国际关系理论[M]. 阎学通，陈寒溪，等，译. 北京：世界知识出版社，2003.

[2] 黄晓军. 从非典事件看中国政府的危机管理制度创新[J]. 山西农业大学学报（社会科学版），2003，2（3）.

[3] 王宏伟. 公共危机管理[M]. 北京：中国人民大学出版社，2011.

[4] 刘鹏，刘志鹏. 国家安全委员会体制的国际比较[J]. 经济社会体制比较，2014（5）.

[5] 徐辉. 国际危机管理理论与案例分析[M]. 北京：国防大学出版社，2011.

[6] 魏志江，李燕萍. 试论朝鲜半岛第二次核危机与危机管理[J]. 世界政治与经济，2006（3）.

[7] 李小琼. 论危机管理[M]. 北京：国防大学出版社，2011.

[8] 胡平. 国际冲突分析与危机管理研究[M]. 北京：军事谊文出版社，1993.

[9] 丁邦泉. 国际危机管理[M]. 北京：国防大学出版社，2004.

[10] 王鸣鸣. 国际危机中的决策与管理：对国家危机应对的理论思考[J]. 科学决策，2004（7）.

[11] 罗伯特・吉本斯. 博弈论基础[M]. 高峰，译. 北京：中国社会科学出版社，1999.

[12] 王勇，陈森林. 国家安全危机管理研究[M]. 北京：国防大学出版社，2011.

[13] 杨洁勉. 国际危机泛化与中美共同应对[M]. 北京：时事出版社，2010.

[14] 托马斯・谢林. 冲突的战略[M]. 赵华，译. 北京：华夏出版社，2005.

[15] 冯海沧. 美国国际危机管理[M]. 北京：军事谊文出版社，2010.

[16] 张沱生，史文. 对抗・博弈・合作：中美安全危机管理案例分析[M]. 北京：世界知识出版社，2007.

[17] 李瀚. 博弈论[M]. 北京：中央编译出版社，2011.

[18] 萧武. 全球化大潮中的文化安全[J]. 社会观察，2011（12）.

[19] 王公龙. 国家核心利益及其界定[J]. 上海行政学院学报，2011（11）.

[20] 许曼舒. 国际危机预警[M]. 北京：时事出版社，2008.

[21] 郭伟华. 危机的逻辑[M]. 北京：新华出版社，2013.

[22] 孙德刚．危机管理中的国家安全战略[M]. 上海：上海人民出版社，2010.
[23] 谢益显．中国当代外交史[M]. 北京：中国青年出版社，1997.
[24] 汪权．冷战后的美国朝鲜半岛政策析论[D]. 北京：中共中央党校，2006.
[25] 徐辉．国际危机管理理论与案例解析[M]. 北京：国防大学出版社，2011.
[26] 温未几．朝美就核问题达成框架协议[M]. 北京：解放军出版社，1995.
[27] 郭文．朝鲜核争端的来龙去脉[J]. 国际展望 1994（13）.
[28] 曲爱国，王永生．冷战中的热战[M]. 北京：解放军文艺出版社，2001.
[29] 黄岩岛对峙始末[J]. 中国新闻周刊，2012（5）.
[30] 分析称中国制裁令菲开始服软[N]. 世界新闻报，2012-05-15.
[31] 黄岩岛对峙始末[N]. 中国新闻周刊，2012-05-21.
[32] 知廖．朝鲜之“核”50 年[J]. 东北之窗，2006（21）.
[33] 张琏瑰．伊拉克战争后的朝鲜核问题[J]. 世界知识，2003（10）.
[34] 庞东梅．冷战后东北亚地区安全困境及其缓和之路[D]. 济南：山东师范大学 2005.
[35] 韩国支持朝鲜和平利用核能[N]. 华夏时报，2005-08-12.
[36] 中国外交部坚决反对朝鲜悍然实施核试验[EB/OL].（2006-10-09）.
[37] 晁根芳．国际法地位与作用[J]. 中国市场，2006（8）.
[38] 伊朗积极备战讨论开展时间欧洲表示要谨慎制裁[N]. 环球时报，2006-01-16.
[39] 涂龙德．美国 VS 伊朗：海湾军力比拼[N]. 南方周末，2006-04-13.
[40] 李延长．后冷战时期俄罗斯的中东政策与个案分析[D]. 西安：西北大学，2011.
[41] 李生荣．是和平还是危机：论伊拉克战争后的国际局势[J]. 延安教育学院学报，2004（1）.
[42] 军事科学院军事历史研究部．海湾战争全史[M]. 北京：解放军出版社，2000.
[43] 科林・鲍威尔．我的美国之路[M]. 北京：昆仑出版社，1996.
[44] 萨林・杰尔．美国为伊拉克入侵科威特开了绿灯[J]. 编译参考，1991（6）.
[45] 郑达庸．海湾战争前夕钱其琛出访中东四国纪实[J]. 党史博览，2013（6）.
[46] 张相元，王勇，胡东华．海湾战争纵览[M]. 北京：海潮出版社，1992.
[47] 王思齐．国家软实力的模式建构[D]. 杭州：浙江大学，2011.
[48] 王庆海,张蓝图．国际法上的内政及不干涉内政原则新论[J]. 吉林大学社会科学学报，2001（7）.
[49] 王宏伟．公共危机管理[M]. 北京：中国人民大学出版社，2011.
[50] 约翰・F. 法雷尔．“协作精神”演习对武力展示及战后博弈的价值[J]. 空天力

量，2009年冬季刊．

[51] 赵绪生．冷战时期危机及危机管理比较[J]. 国际论坛，2003（1）．

[52] 田丙臣．国际危机管理分析：以“朝核危机”为例[D]. 上海：华东师范大学外交学院，2010.

[53] 张亮．冷战后国际危机管理问题研究[D]. 长春：吉林大学行政学院，2006.

[54] 高伟．当代中国国际危机管理模式选择研究[D]. 长春：吉林大学行政学院，2009.

[55] 李汉中．国家利益视角下的国际危机管理研究[D]. 武汉：华中师范大学政治学院，2005.

[56] 邱美荣．危机管理与中美关系[J]. 现代国际关系，2005（3）．

[57] 林利民．朝核危机管理与中国的外交抉择[J]. 现代国际关系，2006（8）．

[58] 丁孝文．中美处理两国外交危机的特点比较[J]. 国际问题研究，2004（6）．

[59] 李巧玲，周琦．中美危机管理：以朝核危机为例[J]. 湖南医科大学学报（社会科学版），2007（1）．

[60] 矫正．中日关系：结构冲突还是博弈合作：从危机管理的视角进行分析[J]. 长春理工大学学报，2009（1）．

[61] 王栋．一九六二年台海危机与中美关系[J]. 中共党史研究，2011（2）．

（二）英文参考文献

[1] Charles F. Hermann. Enhancing Crisis Stability: Correcting the Trend toward Increasing Instability[M]. In Gibert R. Winham ed, New Issues in International Crisis Management, Boulder and London: Westview Press, 1988.

[2] Glenn H. Snyder and Paul Diesing, Conflict Among Nations: Bargaining, Decision-Making and System Structure in International Crises [M]. Princeton, NJ: Princeton University Press, 1974.

[3] Graham Allison. Essence of Decision-Explaining the Cuban missile crisis [M]. Harper Collins publishers, 1971.

[4] Morgan. T. Clifton. Untying the Knot of War: A Bargaining Theory of International Crises [M]. Ann Arbor, MI: University of Michigan Press, 1994.

[5] Mor, Benjamin D. Decision and Interaction in Crisis: A Model of International Crisis Behavior [M]. Westpot:Praeger，1993.

[6] Shmueli Deorah，Ariella Vranesky. Environmental Mediation in International Rela-

tions [J]. In resolving international conflicts: The theory and practice of mediation, edited by Jacob Bercovitch. Boulder, CO: Lynne Rienner Publishers, 1996.

[7] Leng Russell R. Bargaining and Learning in Recurring Crises: The Soviet-American, Egyptian-Israeli, and indo-Pakistani rivalries [M]. Ann Arbor: University of Michigan Press, 2000.

[8] Marshall, Monty G. , T. R. Gurr. Peace and Conflict 2003[M]. Center for International development and Conflict management, University of Maryland, 2003.

[9] Alexander L. George, ed. , Avoiding War：Problems of crisis Management [M]. Colorado & Oxford: Westview Press, inc. , 1991.

[10] Patrick Clawson. How to Rein in Iran without Bombing it [N]. Los Angeles Times, 2004-10-15.

[11] Michael Eisenstaedt. The Challenges of U. S. Preventive Military Action [M]. in Patrick Clawson and Henry Sokolski eds. , Checking Iran's Nuclear Ambitions, Carlisle, PA: Strategic Studies Institute, 2004.

[12] A. Perlmutter. Crisis Management: Kissinger's Middle East Negotiations [N]. New York Times, 1990-12-14.

[13] Daniel Frei ed. Managing International Crisis [M]. Beverley Hills: Sage, 1982.

[14] Michael Brecher, Jonathan Wilkenfield. A Study of Crisis [M]. Ann Arbor, MI: University of Michigan Press, 2000.

[15] Oran Young, the Politics of Force: Bargaining During International Crises [M]. Princeton: Princeton University Press, 1972.

[16] Alexander L. George and Richard Smoke. Deterrence in American Foreign Policy: Theory and Practice [M]. New York: Columbia University Press, 1974.

[17] Holsti Ole R. Crisis, Escalation, War [M]. Montreal: McGill-Queen's University Press, 1972.

[18] Janis Irving L. & Leon Mann. Decision Making: A Psychological Analysis of Conflict, Choice and Commitment [M]. New York: Free Press, 1977.

[19] Jervis Robert. The Perception and Misperception in International Politics [M]. Princeton, NJ: Princeton University Press, 1976.

[20] Kintner William R. & David C. Schwarz. A Study on Crisis Management [M]. Philadelphia: University of Pennsylvania Foreign Policy Research Institute, 1995.

[21] C. Bell. The Conversations of Crisis [M]. Oxford: Oxford University Press, 1971.

[22] K. L. Chanchreek. The Gulf War: A Global Crisis, H. K. Publishers and Distributors [M]. Delhi：Chandigarh, 1991.

[23] Erik Eckholm. After Protests Spill Out, China May Find Sentiments Cannot be Recorked [N]. New York Times, 1999-05-11.

[24] John Maggs. Inciting the Dragon [N]. The National Journal, 1999-05-15.

[25] Radha Sinha. Sino-American Relations: Mutual Paranoia[M]. New York: Palgrave Macmillan, 2003.

[26] Johnston, Alastair Iain. Cultural Realism: Strategic Culture and Grand Strategy in Chinese History [M]. Princeton, NJ: Princeton University Press, 1995.

[27] Gilbert R. Winhan. New Issues in International Crisis Management [M]. Boulder: Westview press, 1988.

[28] Michal Brecher, et al. Crisis, Conflict and instability [M]. Pergamon Press, 1989.

[29] Gorden S. Brown. Coalition Coercion & Comprise: Diplomacy of the Gulf Crisis 1990-1991 [M]. Institute for the Study of Diplomacy, Georgetown University, 1997.

[30] David A. Baldwin, Paradoxes of power [M]. New York: Basil Black-well, 1989.

[31] Adam Watson, Diplomacy: the Dialogue between States [M]. London: Eyre Methuen, 1982.

[32] F. Zimmerman. Political Violence, Crises, and Revolutions: Theories and Research [M]. Boston: Hall, 1983.

[33] John Lawn. Crisis Management is a Matter of Planning [J]. Food Management, Cleveland May 2006（41）.

[34] Hilliard Roderick , Ulla Magnusson. Avoiding Inadvertent War: Crisis Management [M],university of Texas,1983.

[35] Ben D. Mor, Decision and interaction in Crisis[M]. Greenwood Publishing Group, inc. 1993.

[36] Bertrand Robert, Chris Lajtha. A New Approach to Crisis Management[J]. ,Journal of Contingencies and Crisis Management, 2002, 10（4）.

[37] Kavan Michael G. , Guck Thomas P. , Barone Eugene J. A Practical Guide to Crisis Management[J]. American Family Physician. , 2006, 74（7）.

[38] Robert R. Ulmer. Effective Crisis Management through Established Stakeholder Relations Malden Mills as a Case Study [J]. Management Communication Quarterly. , 2001, 14（4）.

[39] Michael Brecher , Patrick James. Patterns of Crisis Management [J]. The Journal of Conflict Resolution, 1984, 32（3）.

[40] Alexander Kouzmin. Crisis Management in Crisis? [J]. 2008, 30（2）.

[41] Alexander L. George. Crisis management: The interaction of political and military considerations [J]. Survival: Global Politics and Strategy,1984, 26（5）.

[42] Gowan Richard, China's Crisis-Management Crisis [J]. World Politics Review, 2013（3）.

[43] Elsubbaugh S. , Flides R. Preparation for Crisis Management: A Proposed Model and Empirical Evidence [J]. Journal of Contingencies and Crisis Management, 2004, 12（3）.

[44] Nyblom Steven E. Understanding Crisis Management [J]. Professional Safety, 2003，（48）3.

[45] Wilhite, Donald A. Moving beyond Crisis Management [J]. Forum for Applied Research and Public Policy, 2001, 16（1）.